おうちでごはん

東京ディズニーリゾート®

公式レシピ集

本書は、東京ディズニーランドのレストラン20店舗と
東京ディズニーシーのレストラン17店舗から選び抜かれたレシピを掲載しています。

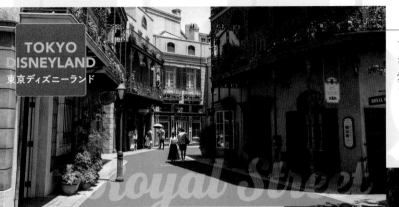

TOKYO DISNEYLAND
東京ディズニーランド

ロイヤルストリート

アドベンチャーランドにある、レース模様のバルコニーを張り出した家が建ち並ぶ、フレンチ・クォーターの雰囲気と活気のあるニューオーリンズの街並みを再現した小径。

ブルーバイユー・レストラン

ロイヤルストリートに面し、19世紀半ばのアメリカ南部が再現されたロマンチックなフレンチスタイルのレストラン。月明かりの下、バイユーと呼ばれる入り江から出航する「カリブの海賊」のボートを眺めることができます。

ラ・タベルヌ・ド・ガストン

ディズニー映画『美女と野獣』に登場するガストンの酒場をモチーフにしたレストラン。店内には、ガストンの狩猟の腕前を示す鹿の角や動物の彫刻が誇らしげに飾られ、暖炉の上には彼の大きな肖像画が掛けられています。

S.S.コロンビア号

ニューヨークの港に停泊している「S.S.コロンビア号」は1912年当時、世界最新かつ最大の大西洋横断豪華客船です。ゲストはパークの景色を眺めながらデッキを散策することができます。

S.S.コロンビア・ダイニングルーム

S.S.コロンビア号の3階デッキにある豪華なレストランです。上品なカットガラスがはめ込まれたドアを入ると、優美なアールヌーヴォーデザインの明るいメインダイニングルームが広がり、奥にはグランドピアノが置かれています。

マゼランズ

初の世界一周の旅を指揮したマゼランに敬意を表したエレガントなレストランです。16世紀当時の海の探険と天文学の発見を称えた装飾品に囲まれながら、世界各国のさまざまな料理やおいしいワインを楽しむことができます。

Contents

［この本の使い方］●計量単位は、大さじ1＝15ml、小さじ1＝5mlです。●特に表記がない場合、野菜類の皮をむく、根元を切る、へたをとる、種をとる、きのこ類の石づきをとるなどの作業をすませてからの手順を説明しています。●生クリームは特に指定のない限り乳脂肪分35〜36％のもの、卵はMサイズを使用しています。●電子レンジ、オーブントースターの加熱時間は目安です。機種により多少差がありますので、様子を見て加減してください。●鋭利な物（刃物）や高温の器具の扱いには常に注意しましょう。●お子さんがお手伝いするとき、または近くにいるときは目を離さないでください。

クイーン・オブ・ハートのバンケットホール

ディズニー映画『ふしぎの国のアリス』に出てくるお城をもとにデザインされたバフェテリアスタイルのレストラン。東京ディズニーランド初のディスプレイキッチンでは、サラダやステーキの調理風景を見ることができます。

Queen of Hearts Banquet Hall

第1章 洋食

Ristorante di Canaletto

リストランテ・ディ・カナレット

運河沿いにあるイタリアンレストラン。ヴェネツィアの風景を描いた画家カナレットの名を冠しており、まるで貴族の邸宅のような趣のある店内では窯焼きピッツァやパスタをワインとともに楽しめます。

銘柄鶏のグリエ、
クリームソース バーボンの香り

ジャズとバーボンの街ニューオーリンズのメインストリート「バーボンストリート」から
インスピレーションを受け、考案された人気メニュー。スパイスとバーボンをしっかり肉にもみこむのが
うまみを閉じ込めるポイントです。バーボンロックや辛口白ワインがよく合います。

このメニューのお店
**東京ディズニーランド
イーストサイド・
カフェ**

牛肉のブラザート、マルサラワインゼリー添え

Red Wine Simmered Beef with Marsala Wine Jelly

2020年9月東京ディズニーランド史上最大規模の開発エリアオープンを祝し登場したディズニー映画『美女と野獣』がテーマの限定メニュー。肉を煮込む際に、赤ワインをしっかり煮詰めていくとやわらかく深い味わいになります。付け合わせも手間をかけ、ガストリックという調理法で仕上げています。

銘柄鶏のグリエ、
クリームソース　バーボンの香り

※本メニューは販売を終了しています。

メインの材料(2人分)

銘柄鶏もも肉2枚　ケイジャンスパイス小さじ2　バーボン大さじ1
トマトの角切り適量
〈バーボンソース／ベーコン15g　マッシュルーム2個　玉ねぎの
みじん切り40g　にんにくのみじん切り1/4片分　白ワイン大さじ1
バーボン小さじ1　コンソメ（顆粒）小さじ1/2　生クリーム大さじ
5　ベシャメルソース（32ページ）20g　塩、こしょう各少々　サ
ラダ油、バター各小さじ1〉

作り方

1　バーボンソースを作る。ベーコンは8mm角に、マッシュルームは
　5mm幅に切る。小鍋にサラダ油、バター、にんにくを入れて弱火
　にかけ、香りが立ったらベーコンを加えて炒める。玉ねぎを加え、
　焦げないように中火で絶えずかき混ぜながら炒める。透明にな
　ったらマッシュルームを加えてしんなりするまで炒め、白ワイ
　ン、バーボンを加える。鍋肌の旨味をこそげ落としながら弱火
　で水分がなくなるまで煮詰める。水40mlとコンソメを加え、ひ
　と煮立ちしたらアクをとり、生クリームを加える。濃度が足り
　ないようであれば、ベシャメルソースを加える。塩、こしょう
　で味を調える。
2　鶏肉は筋をとってケイジャンスパイスをまぶし、ポリ袋にバー
　ボンとともに入れよくもみ、たたく。
3　よく熱したフライパン（またはグリル板）で皮目から焼き上げ、
　しっかりと火を通す。
4　器の奥に付け合わせの野菜、中央に3を盛る。手前に1のバー
　ボンソースを敷き、トマト、パセリオイルを散らし、肉にねぎ

とビーツのフリットを飾る。

◉パセリオイル

パセリ少々をみじん切りにし、オリーブオイル大さじ1を加え混ぜ
る。

◉付け合わせ

じゃがいも1個はラップで包み、竹串がすっと通るまで電子レンジ
で加熱し、1cm角に切る。フライパンにオリーブオイル適量、ロー
ズマリー1枝を入れて弱火にかけ、じゃがいもを揚げ焼きにし、じ
ゃがいもとオイルを分けておく。さやいんげん2本は下ゆでして3cm
長さに切る。エリンギ1本は小さめの乱切りにする。分けていたオ
イルをフライパンに戻してエリンギを強火で炒め、じゃがいもを戻
し入れ、いんげんを加えて塩、こしょう各少々で味を調える。

◉ねぎのフリット

長ねぎ1/5本はせん切りにしてさっとゆで、水気をふいて140℃の揚
げ油適量で揚げて塩少々をふる。

◉ビーツのフリット

ビーツ2gはせん切りにしてさっとゆで、水気をふいて140℃の揚げ
油適量で揚げて塩少々をふる。

※本レシピでは、ご家庭での作りやすさを優先し、調理法をグリエからソテーに変更
　しています。

牛肉のブラザート、
マルサラワインゼリー添え

※本メニューは販売を終了しています。

メインの材料（2人分）

牛バラかたまり肉300g　A［玉ねぎの乱切り1/2個分　にんじんの乱切り1/2本分　セロリの乱切り1/2本分］　にんにく1片　ホールトマト缶200g　塩、こしょう各適量　ブランデー大さじ1　赤ワイン500ml　B［ローリエ1枚　ブイヨン500ml（洋風スープ固形1個＋水500mlでも可）　フォンドボー200ml（市販品でも可。濃縮タイプの場合大さじ1程度）］　サラダ油、オリーブオイル各大さじ1　バター10g

作り方

1　牛肉は半分に切り、塩、こしょうをふる。フライパンにサラダ油をよく熱し、肉を入れて中火で全面焼き色をつける。バットに取り出し、フライパンに残った旨味をブランデーと赤ワインで煮溶かし火を止める。

2　鍋にオリーブオイルとつぶしたにんにくを入れて火にかけ、香りが立ったらAを加えてしっかり炒め、ホールトマトを加えて酸味を飛ばすように炒める。

3　1の肉とフライパンの煮汁、Bを加え、煮立ったら弱火にする。途中アクをとり、落としぶたをして肉に竹串がすっと通るくらいまで煮込む。煮えたら肉をバットに取り出し、煮汁をざるでこす。

4　鍋に煮汁と肉を戻し入れて弱火で煮詰め、とろみが出たら塩、こしょうで調味し、仕上げにバターを加える。器に盛り、にんじんとロマネスコの付け合わせ、マルサラワインゼリーを添える。

◉にんじんの付け合わせ

にんじん縦1/4本を乱切りにして小鍋に入れ、水300ml、塩小さじ1を加えて火にかける。火が通ったらざるにあげる。小鍋にはちみつ大さじ1を入れて香りが立つまで熱し、シェリービネガー大さじ1を加える。にんじんに絡め、塩少々で調味する。

◉ロマネスコの付け合わせ

ロマネスコ適量（ブロッコリーやカリフラワーでも可）は小房に分け、塩少々を加えた湯でゆで、ざるにあげる。

◉マルサラワインゼリー

小鍋にマルサラ酒100mlを入れて火にかけ、アルコール分を飛ばしたらアガー 6gを加えて溶かす。バットなどに移して冷蔵庫で冷やしかため、フォークで粗く砕く。

和牛サーロインのグリエと合鴨のロースト、
牛蒡とトリュフのソース

Grilled Sirloin and Roasted Duck
with Burdock-Truffle Sauce

開園20周年を迎える東京ディズニーシーのアニバーサリーイベントで催される
「シーズナルテイストセレクションズ」の限定メニュー。一皿で2種の肉とソースを味わえます。
季節ごとに変わるテーマに合わせ、秋の味覚トリュフとごぼうを組み合わせた香り高いソースが特徴です。

このメニューのお店
東京ディズニーシー
ユカタン・ベース
キャンプ・グリル

ポークのオーブン焼き、
エッグとメキシカンライス添え

たくさんの考古学者たちが訪れ、いつしか評判となった多国籍な味わいのロースト料理から、
スパイスの効いたレシピを紹介。　バーベキューソースは甘さの好みによって量を調節してください。
自家製ガーリックオイルを作ってオイルの香りも楽しんで。

和牛サーロインのグリエと合鴨のロースト、牛蒡とトリュフのソース

メインの材料（2人分）

和牛ロース（またはカルビ）薄切り肉30g×2切れ　合鴨むね肉1枚（約240g）　塩、こしょう各適量　トリュフの薄切り、ベビーリーフ（ミニオゼイユなど）各適量
〈ごぼうのソース／ごぼうの薄切り50g　トリュフのみじん切り小さじ1　マデラ酒100ml　洋風だし（固形）1個　生クリーム大さじ3　塩、こしょう各少々　バター小さじ2〉

作り方

1　ごぼうのソースを作る。鍋にバター小さじ1を入れて火にかけ、溶けたらごぼうを加えてさっと炒め、マデラ酒を加えて1/3量になるまで煮詰める。洋風だし、水400mlを加えて弱火で煮込み、ごぼうがやわらかくなったらミキサーに移して撹拌する。ピュレ状になったら鍋に戻し入れて火にかけ、生クリームを加えて塩、こしょうで調味し、トリュフのみじん切り、バター小さじ1を加え混ぜて火を止める。

2　牛肉は塩、こしょう各少々をふり、よく熱したフライパン（またはグリル板）で香ばしく焼く。鴨肉は皮に切り込みを入れて塩、こしょう各少々をふり、よく熱したフライパンに皮目から入れて焼く。出てきた脂を回しかけながら中火で焼き、皮がしっかり焼けたらアルミホイルに包んでオーブントースターに入れて8分加熱する。温かいところで10分寝かせ、皮目を焼き直してから半分に切り（半分を使う）、さらに半分に切る。

3　器に栗の甘露煮のバターあえをのせて牛肉を立てかけ、ポータベッラのグリル、鴨肉をのせる。黒大根のマリネ、手前にイチジクの薬味を添え、ごぼうのフリット、トリュフの薄切り、ベビーリーフを飾る。肉にトリュフビネグレットソースをかけ、

器の空いたところに1のごぼうのソースをのせる。

◉トリュフビネグレットソース
鍋にエシャロット（または玉ねぎ）のみじん切り10gとシェリービネガー大さじ1を入れて弱火にかけ、水分がなくなるまで煮詰めたらトリュフオイル小さじ1と塩、こしょう各少々を加える。

◉ごぼうのフリット
ごぼう1/2本はピーラーで15cm長さの薄切りにして水にさらす。さっと下ゆでして氷水にとり、水気をしっかり切る。170℃の揚げ油適量できつね色になるまで揚げ、塩適量をふる。

◉栗の甘露煮のバターあえ
栗の甘露煮2個を、バター小さじ1で軽くソテーする。

◉黒大根マリネ
黒大根の薄切り2枚をフレンチドレッシング大さじ2に一晩漬け込む。

◉イチジクの薬味
セミドライいちじく10gを赤ワイン大さじ2で汁気がなくなるまで煮込む。粗熱をとって細かく刻み、塩、こしょう各少々で調味する。

◉ポータベッラのグリル
ポータベッラ（またはマッシュルーム）1/6個をグリルで焼き、塩少々をふる。

※本レシピでは、ご家庭での作りやすさを優先し、調理法をグリエからソテーに変更しています。

ポークのオーブン焼き、エッグとメキシカンライス添え

メインの材料（4人分）

豚肩ロース肉1cm厚さ×4枚　ステーキスパイス適量　白ワイン大さじ1と1/2　ガーリックオイル適量
〈バーベキューソース（作りやすい分量）／ベーコンのみじん切り40g　玉ねぎのみじん切り1/4個分　にんにくのみじん切り1/2片分　トマトダイス缶400g　A［バーベキューソース（市販）80g　洋風だし（顆粒）4g　塩、こしょう各適量］　EXVオリーブオイル大さじ1〉

作り方

1 バーベキューソースを作る。鍋にオリーブオイル、にんにくを入れて火にかけ、香りが立ったらベーコンを加えて炒める。ベーコンの脂がしっかり出たら玉ねぎを加えてじっくり炒める。トマト缶を加えて酸味を飛ばしながら煮込み、Aを加える。

2 豚肉は筋を切り、ステーキスパイス小さじ1を全体にまぶしてポリ袋に入れ、白ワイン、ガーリックオイル適量を加えて約5分たたいてもむ（タンブリング）。肉を取り出してステーキスパイス適量をまぶし、ガーリックオイル大さじ2を熱したフライパンで焼く。

3 器の中央にメキシカンライスを盛り、その上に2をのせる。つ
け合わせの野菜を添え、目玉焼きをのせて、ライスのまわりに1のバーベキューソースを流す。

◉ガーリックオイル（作りやすい分量）
鍋にオリーブオイル100ml、つぶしたにんにく1片、ローリエ1枚、黒粒こしょう5粒を入れ、弱火でじっくり加熱する。ガーリックの香りが立ったら火を止めてそのまま粗熱をとる。

◉メキシカンライス
フライパンにサラダ油適量を熱し、冷凍バターライス（市販）700gを炒める。ライスを端に寄せ、トマトケチャップ70gをフライパンの空いた部分に加えて軽く水分を飛ばしてから炒め合わせ、ケイジャンスパイス5gを加え混ぜる。

◉つけ合わせ
じゃがいも小1個はゆでて皮をむき、1cm角に切る。さやいんげん4本も下ゆでして4cm長さに切る。フライパンにバター10gを入れて火にかけ、スイートコーン100g、じゃがいも、いんげんを炒める。塩、こしょう各少々で調味し、ドライパセリ少々をふる。卵4個はサラダ油適量を熱したフライパンで好みのかたさの目玉焼きにする（直径7cm位のセルクルを使用するときれいな円形に仕上がる）。

オマール海老のシーフードガンボ

Lobster Tail and Seafood Gumbo

アメリカ南部ニューオーリンズのソウルフードで、ケイジャンスパイスを使う代表的なクレオール料理です。

インディカ米ではなく大麦（オルツォ）を組み合わせるのがパーク流。

つなぎのルウをチョコレート色になるまで加熱するのがポイント。香辛料の配合もとても大切です。

このメニューのお店

東京ディズニーシー
マゼランズ

サーモンのミキュイ
クミン風味のクレソンソース

大航海時代に盛んに交易されていたスパイスのクミンを使用。半生が特徴のサーモンのミキュイと、
クミン、クレソンの苦みと香りの相性を楽しめる一品です。クレソンのソースは、葉をゆでるとつややかでなめらかなソースに。
サーモンの下味の漬け込み時間を守ることがおいしさの秘訣です。

オマール海老のシーフードガンボ

※本メニューは販売を終了しています。

材料(2人分)

オマールえび（有頭えび4尾でも可）約85g×2尾　サーモン2切れ
ほたて貝柱2個　冷凍オルツォ（インディカ米でも可）100g　パプ
リカ（赤）10g　オクラ、ミニトマト各2個　ケイジャンスパイス適
量白ワイン少々　オリーブオイル、揚げ油、パセリオイル（8ページ）
各適量
〈**ブラウンルー**（作りやすい分量）／小麦粉50g　サラダ油33g〉
〈**ガンボ**（作りやすい分量）／にんにくのみじん切り1と1/2片分
玉ねぎの粗みじん切り100g　セロリの粗みじん切り100g　ピーマ
ンの粗みじん切り60g　サルサソース（市販、辛くないもの）100g
洋風だし（固形）1個　A［オイスターソース10g　シーフード※
300g　ケイジャンスパイス2g　ローリエパウダー0.4g　クミンパ
ウダー0.6g　オレガノパウダー0.5g　タイムパウダー0.1g］塩適
量　こしょう少々　サラダ油大さじ1〉
※シーフードはむきえび、貝の小柱、あさり（むき身）各100g。シーフードミック
ス300gでも可。

作り方

1 **ブラウンルウ**を作る。鍋にサラダ油を入れ、ふるった小麦粉を
　加えて中火で焦げないように絶えずかき混ぜながら、チョコレ
　ート色になるまで炒める。

2 **ガンボ**を作る。鍋にサラダ油とにんにくを入れて弱火にかけ、
　香りが立ったら玉ねぎ、塩ひとつまみ、こしょうを加えて中火
　でよく炒めて旨味を出す。焦げないように混ぜながら炒め、玉
　ねぎが透明になったらセロリを加え、しんなりするまで炒める。
　ピーマンを加え、色が飛びやわらかくなるまで炒めたらサルサ
　ソースを加える。軽く炒めたら水400mlと洋風だしを加え、煮
　立ったらアクをとり、Aを加えて約5分煮込む。ボウルに1
　のブラウンルウ50gを入れ、スープ適量で溶いてから鍋に加え
　る。ひと煮立ちしたら塩で味を調える。

3 オルツォは塩適量を入れた湯でゆでる。フライパンにオリーブ
　オイル適量を熱して3mm角に切ったパプリカを炒め、オルツォを
　加えて炒め合わせ、塩、こしょう各少々で調味する。オクラと
　ミニトマトは揚げ油でさっと素揚げし、塩少々をふる。

4 オマールえびは半分に切り、背ワタを除き、サーモン、ほたて
　は水気をふいて、それぞれケイジャンスパイス適量をまぶし、
　オリーブオイル適量で焼く。サーモンは焼きあがりに油をふい
　てから白ワインをふる。

5 直径4.5cm×高さ6cmくらいのプリンカップにオルツォを詰め、
　器の中央に盛る。まわりに2のガンボを流し入れ、シーフード
　を盛りつける（オマールは身をはずして盛り合わせ、殻は奥に
　飾る）。オクラ、トマトをのせてパセリオイルをかけ、器の縁に
　ケイジャンスパイスを散らす。

サーモンのミキュイ
クミン風味のクレソンソース

※本メニューは販売を終了しています。

材料（4人分）

サーモン（刺身用）	1さく
A 水	200ml
グラニュー糖	10g
塩	20g
黒粒こしょう	4粒

クミン風味のクレソンソース

クレソンの葉	20g
ほたてだし（顆粒）	5g
あさりのブイヨン	小さじ 1/2
コーンスターチ	大さじ 1
クミン	少々
塩、こしょう	各適量
オリーブオイル	10ml

ライム	1個
オリーブオイル	40ml
塩	少々

作り方

1 鍋にAを（粒こしょうはつぶして）入れて火にかける。煮立ったらボウルに移し、ボウルの底を氷水にあてて冷ます。サーモンをひたし、約30分漬け込む。

2 クミン風味のクレソンソースを作る。鍋に水100ml、ほたてだし、あさりのブイヨンを入れて火にかける。煮立ったらちぎったクレソンの葉を加えて2分煮て、水50mlで溶いたコーンスターチ、クミンを加え混ぜる。とろみがついたらボウルに移し、ボウルの底を氷水にあてて急冷する。ミキサーに移して撹拌し、塩、こしょう、オリーブオイルを加えてさらに撹拌する。

3 ライムの皮をバットにすりおろす。果汁はボウルに搾り（40ml）、オリーブオイルを加えマリネ液とする。

4 1のサーモンを取り出して水気をふき、ジッパー付き保存袋に3のマリネ液とともに入れ、空気を抜いて口を閉じる。大きめの鍋に湯を沸かして火を止め、袋ごとひたして2分たったら氷水に取り出す（低温調理器の場合は65℃で30分）。

5 サーモンを出して3のライムの皮をまぶしつけ、好みの厚さに切って器に盛り、塩をふり、2のクレソンソースを好みの量かける。

※マリネ液をかけるとより一層味わい深くなります。

ベイマックス・カレー
スパイシー手羽先ギョウザ

2020年9月に登場した新アトラクション「ベイマックスのハッピーライド」を記念し、誕生したメニュー。
ディズニー映画『ベイマックス』に登場する主人公ヒロのおばさんが得意な「ピリカラ手羽先」をアレンジした、
手羽先ギョウザがポイント。オーブンでしっかり焼くことで皮がパリッと仕上がります。

シーフードクレープグラタン

Seafood with Mornay Sauce

東京ディズニーランド開園初期に販売していた「クレープ」をアレンジしたオリジナルメニュー。

ソースにレモン汁、カエンペッパーを加えることで味が締まります。

チーズソースはホイップクリームを加えることで、コクがありながらふんわり軽い口当たりに仕上がります。

19

ベイマックス・カレー
スパイシー手羽先ギョウザ

メインの材料（4人分）

手羽先	8本
ギョウザドッグ（78ページ）の具	約160g
塩、焼きのり	各少々
温かいごはん	適量
お好みのカレー	4人分
ブロッコリー（ゆでたもの）	適量

A ケイジャンスパイス	9g
パプリカパウダー	4.5g
ホアジョエン（花椒塩）	1g

作り方

1 手羽先は皮を切らないように包丁を入れ、中骨を取り出し、内側に塩をふり、ギョウザドッグの具を入れる。180℃に予熱したオーブンで10分焼き、混ぜたAを全体にまぶす。

2 ごはんをベイマックスの形に整えて器に盛り、目の部分にベイマックスの目の形に切った焼きのりを貼りつける。カレーを盛り、1、ブロッコリーをのせ、ベイマックスのむね部分にいももちを添える。

◉いももち
じゃがいも1個（125g）は皮ごとやわらかくなるまでゆで、皮をむいてつぶす。温かいうちに片栗粉大さじ1を混ぜ、粉気がなくなったらシュレッドチーズ20gを加え塩で調味する。水で溶いた食用色素（赤）極少々を加え混ぜてピンク色にし、1.3cm厚さにのばす。お好みの大きさのハート型で抜き、170℃の揚げ油適量で揚げる。

シーフード
クレープグラタン

※本メニューは販売を終了しています。

メインの材料（2人分）

シーフードミックス200g　玉ねぎ40g　マッシュルーム20g　ペンネ50g　ベシャメルソース（32ページ）300g　A［白ワイン大さじ1　ブランデー小さじ1　塩、こしょう各少々］　牛乳200ml　洋風だし（顆粒）小さじ1/2　塩、こしょう各少々　レモン汁小さじ1　カエンペッパー少々　ミックスチーズ50g　バター適量

作り方

1　シーフードミックスは湯で軽く洗う。玉ねぎは薄切り、マッシュルームは6等分に切る。グラタン皿の内側にバター（分量外）を塗る。

2　鍋にバターを入れて弱火にかけ、玉ねぎ、マッシュルームを炒める。シーフードミックスを加えて炒め合わせ、Aを加える。煮立ったらざるにあげ、具とスープに分ける。

3　鍋にベシャメルソースを入れて火にかけ、2のスープ半量を少しずつ加えてのばす。牛乳も同様に加え、洋風だし、塩、こしょうで味を調えて、こす。

4　ペンネを袋の表示時間より約5分長めにゆで、湯をきってボウルに入れ、3の半量、2の具、レモン汁、カエンペッパーを加え

て混ぜ合わせる。

5　クレープ1枚を広げて中央に4を150gのせて包み、閉じ目を下にして1のグラタン皿に入れ、中身が出ないように形を整える。同様にもうひとつ作り、クレープの上全体にチーズソースを流し（1人分約100g）、ミックスチーズを散らす。200℃に予熱したオーブンで10分焼く（スチーム機能があれば弱めのスチームを入れる）。

◉チーズソース

ボウルにクリームチーズ50gを入れてやわらかくし、作り方3の残りスープと卵黄1/2個分を加えてよく混ぜ、クリーム状にする。7分立てにした生クリーム45ml分を加えて混ぜ合わせ、レモン汁小さじ1/2、塩少々で調味する。

◉クレープ（作りやすい分量／直径18cm×約10枚分）

ボウルに薄力粉100gをふるい入れ、グラニュー糖15g、溶き卵1個分、牛乳200mlを加えて泡立て器でダマにならないように混ぜ合わせてこす。ラップをかけて冷蔵庫で約30分休ませる。バター適量を熱したフライパンで、生地を薄く広げて焼く。

オムライス、
ビーフのトマトデミグラスソース

2021年のハロウィーン時期の限定メニュー。

オムライスを割ると中からビーフシチューがあふれ出す、おいしいサプライズが！

2種の玉子料理（うす焼きたまごとスクランブルエッグ）を使うことで食感の違いも楽しめます。

このメニューのお店
**東京ディズニーランド
クイーン・オブ・ハート
のバンケットホール**

ポップオーバー、
マッシュポテト＆ラタトゥイユ

*Popover,
Mashed potatoes & Ratatouille*

レストランではクイーン・オブ・ハートが任命した女王直属のスタッフがおもてなし。
彼らのかぶる帽子から着想を得たメニューがこちら。ポップオーバーをうまくふくらませるには、
生地をよく冷やし、オーブンをきちんと温めることが大事です。

オムライス、ビーフのトマトデミグラスソース

材料（2人分）

牛バラかたまり肉	150g
A 玉ねぎ	1/4 個
にんじん	1/2 本
セロリ	1/4 本
にんにく	1/2 片
ホールトマト缶	100 g
塩、こしょう	各適量
ブランデー	大さじ 1
赤ワイン	250ml
ローリエ	1 枚
ブイヨン ── 250ml（洋風スープ固形 1 個＋水 500ml でも可）	
フォンドボー	100ml
（市販品でも可。濃縮タイプの場合大さじ 1 程度）	
ハヤシライスルウ	20g
卵	5 個
サラダ油	適量
オリーブオイル	大さじ 1
バター	10g
温かいごはん	適量
生クリーム	適量
パセリのみじん切り	少々

作り方

1 牛肉は一口大に切り、塩、こしょう各少々をふる。Aは乱切りにする。フライパンにサラダ油大さじ1を中火で熱し、牛肉を焼く。全面焼き色がついたら取り出し、ブランデーと赤ワインを加えてフライパンに残った旨味を煮溶かす。

2 鍋にオリーブオイルとつぶしたにんにくを入れて火にかけ、香りが立ったらAを加えて旨味を出すようにしっかり炒め、ホールトマトを加え酸味を飛ばすように炒める。トマトの水分が飛んだら1の肉とフライパンの煮汁、ローリエを加えて煮込む。

3 途中アクをとり、煮汁が1/3量になったら、ブイヨンとフォンドヴォーを加える。煮立ったら弱火にし、落としぶたをして肉がやわらかくなるまで煮込む。肉に竹串がすっと通るくらいになったら一度こし、煮汁と肉を鍋に戻す。ハヤシライスルウを加え、約5分煮て火を止める。

4 卵1個は溶いてサラダ油少々を熱したフライパンで薄焼き卵を2枚焼く。卵4個は溶いて塩、こしょうで調味し、バターを溶かしたフライパンに流し入れ、耐熱ゴムべらなどでざっくりと混ぜて半熟状のスクランブルエッグにする。

5 器にごはんをドーナツ型に盛り、中心に3のビーフシチューを入れる。薄焼き卵をかぶせ、上からスクランブルエッグをかける。生クリームをかけ、パセリを散らす。

ポップオーバー、
マッシュポテト＆ラタトゥイユ

メインの材料（直径6cm×高さ4.5cmのマフィンカップ4個分）

〈ポップオーバー生地／卵2個　牛乳200ml　砂糖4g　塩少々　薄力粉100g　バター大さじ2〉

〈ラタトゥイユ（作りやすい分量）／A［玉ねぎ1/4個　パプリカ（赤、黄）各1/4個　ズッキーニ1/3本　なす1本］　にんにくのみじん切り1/2片分　B［トマトカット缶150g　オレガノのみじん切りひとつまみ　ローリエ1枚］　塩、こしょう各適量　砂糖ひとつまみ　オリーブオイル適量〉

パセリ少々

作り方

1 **ラタトゥイユ**を作る。Aはすべて1cm角に切る。鍋にオリーブオイル大さじ1とにんにくを入れて火にかけ、香りが立ったら玉ねぎを加え、塩ひとつまみ、こしょう少々をふってしっかり炒める。Bを加え、弱火で焦げないように混ぜながら水分を飛ばす。

2 煮ている間に、オリーブオイル適量を熱したフライパンでパプリカを焼き、塩、こしょう各少々をふって鍋に加える。同様にズッキーニ、なすも焼いて鍋に加えていき、塩少々、砂糖を加え、ひと煮立ちしたら火を止める。

3 **ポップオーバー**を作る。ボウルに卵を割りほぐし、牛乳、砂糖、塩を加えてよく混ぜる。ふるった薄力粉を加え混ぜ、溶かしたバターを加えてなめらかになるまでよく混ぜる。ラップをかけて冷蔵庫で30分寝かせる。

4 マフィン型（またはバターを塗ったアルミ製のプリンカップ）の八分目の高さまで流し入れ、200℃に予熱したオーブンで15分焼き、180℃に下げて生地の割れ目がキツネ色になるまで15分焼く。そのままオーブン内におき、冷めたら型から外す。

5 ポップオーバーを縦半分に切って1のラタトゥイユを約20g入れ、**マッシュポテト**20～30gを絞って170℃に予熱したオーブンで10分焼く。器に盛り、**カリフラワーの付け合わせ**をのせ、パセリを散らす。

◉**マッシュポテト（作りやすい分量）**
じゃがいも（メークイン）1個（170g）をラップに包み、電子レンジで竹串がすっと通るくらいまで加熱する。皮をむいてフォークで細かくつぶす。小鍋に**牛乳10ml、生クリーム45ml、バター10g**を入れて沸く寸前まで加熱し、じゃがいもに加えて**塩、こしょう各少々**で調味する。絞り袋に移しておく。

◉**カリフラワーの付け合わせ**
鍋に水200ml、**チキンコンソメ（固形）1/2個、ビーツ缶の汁（またはビーツピュレ）大さじ1**を入れて火にかけ、煮立ったら食べやすい大きさに切った**カリフラワー適量**を加え、2分煮たらざるにあげて冷ます。

このメニューのお店
**東京ディズニーシー
カフェ・
ポルトフィーノ**

リングイネ、
ソフトシェルクラブのジェノベーゼ

イタリアの国旗をイメージした赤・白・緑のパスタ3種をラインアップした港町のレストランで人気の
ジェノベーゼは、丸ごとソフトシェルクラブがのったダイナミックなパスタです。ステーキスパイスをまぶして
揚げることで、ジェノベーゼに合う香ばしい味わいになり、パスタと絡めるとコクとうまみが際立ちます。

タリアテッレ、
ラムのラグーソース

2021年の冬期限定メニュー。牧羊が盛んなイタリアで親しまれるラムを使ったパスタは、
ラム肉の香りや味わいを楽しめます。平打ち麺とよく絡むように、
最後に生クリームを入れてよく混ぜることがポイント。ラム肉は、脂が少なめのものがおすすめです。

リングイネ、ソフトシェルクラブのジェノベーゼ

※本メニューは販売を終了しています。

材料（2人分）

リングイネ	180g
ソフトシェルクラブ	2はい

ジェノバソース（作りやすい分量）

バジルの葉	50g
松の実	50g
にんにく	1片
オリーブオイル	180ml
グラナパダーノ（パルメザンチーズ）	30g

さやいんげん	2本
セミドライトマト	大さじ1
片栗粉	50g
ステーキスパイス	大さじ1
塩、こしょう	各適量
オリーブオイル	小さじ1
揚げ油	適量

作り方

1 ジェノバソースを作る。ミキサーとオイルを冷蔵庫でよく冷やす。ミキサーに松の実、にんにく、オリーブオイル1/3量を入れて撹拌する。バジルの葉を加えてさらに撹拌し、残りのオリーブオイル、グラナパダーノの順に加え混ぜる。

2 ソフトシェルクラブは水気をよく拭きとり、片栗粉とステーキスパイスを合わせた衣をつけ、180℃に熱した揚げ油で2～3分揚げる。

3 鍋にたっぷりの湯を沸かし、1%量の塩を溶かしてパスタをゆでる。ゆであがり3分前に4cm長さに切ったいんげんを加え、ゆであがったらざるにあげる。

4 パスタをゆでている間に、フライパンにオリーブオイルを熱し、1cm角に切ったセミドライトマトを加えて温め、パスタのゆで汁大さじ4を加える。火を止めて1のジェノバソース大さじ4を加え混ぜ、パスタといんげんを加えて和え、塩、こしょうで調味する。器に盛り、2をのせる。

タリアテッレ、ラムのラグーソース

※本メニューは販売を終了しています。

材料（2人分）

タリアテッレ	160g
ラム肉	100g
パンチェッタ	20g
にんにくのみじん切り	1片分
A　にんじんのみじん切り	20g
玉ねぎのみじん切り	20g
セロリのみじん切り	20g
B　マッシュルームの薄切り	40g
ホールトマト缶	100g
ローリエ	1枚
塩、こしょう	各適量
ローズマリーパウダー	小さじ1
赤ワイン	150ml
洋風だし（顆粒）	小さじ1
生クリーム	大さじ1
オリーブオイル	大さじ3

ルッコラサラダ

ルッコラ	適量
オリーブオイル	小さじ1
レモン汁、塩、こしょう	各少々
グラナパダーノ（パルメザンチーズ）	適量

作り方

1 ラム肉は8mm幅の細切りにして直径約10cmの団子状にまとめる。パンチェッタは5mm幅の細切りにする。

2 フライパンにオリーブオイル大さじ2とにんにくを入れて弱火にかけ、香りが立ったらパンチェッタを加えて中火で炒める。香りが立ったら**A**を加えて炒め、しんなりしたら**B**を加えて煮込む。

3 同時進行で別のフライパンにオリーブオイル大さじ1を熱して**1**のラム肉を入れ、転がしながら焼きつける。塩、こしょう各少々、ローズマリーパウダーをふり、焦げないように転がしながら焼きつける。焼き色がついたらザクザクとほぐすように炒め、赤ワインを加える。

4 **2**のフライパンに**3**と洋風だし、水300mlを加え、汁気がほとんどなくなるまで中火で煮込む。生クリームを加えてひと煮立ちしたら塩、こしょうで調味する。

5 **ルッコラサラダ**を作る。ボウルに食べやすい大きさにちぎったルッコラを入れ、オリーブオイル、レモン汁、塩、こしょうで調味する。

6 鍋にたっぷりの湯を沸かし、1%量の塩を溶かしてパスタをゆでる。ゆであがったらざるにあげて**4**のフライパンに加え、グラナパダーノ大さじ1も加えて絡める。器に盛り、グラナパダーノ20gをかけ、**5**のルッコラサラダを添える。

フレンチトースト・サンド

French Toast Sandwich

ディズニー映画『美女と野獣』でガストンが卵を飲むシーンからヒントを得て考案した、
フレンチトーストとクロックムッシュを合わせたオリジナルメニュー。ハムではなく鶏むね肉のスライスを挟むのが
パーク流。表面はカリカリ、中はもちもち、メイプルが香る甘塩っぱいフレンチトーストのサンドです。

パイレーツロール
（厚切りポークトルティーヤラップ）

ディズニー映画『パイレーツ・オブ・カリビアン』をテーマとした
スペシャルイベント「ディズニー・パイレーツ・サマー」の限定メニュー。
黒いトルティーヤを使い、厚切りの角煮を包んだ豪快な一品。チリコンカンのスパイシーさが味の決め手です。

フレンチトースト・サンド

メインの材料（2人分）

パン（カンパーニュ）	8枚切り×4枚
A 卵	2個
牛乳	100ml
砂糖	20g
バニラアイス	20g
バター	10g
オランダゴーダチーズ（スライス）	4枚
粗びき黒こしょう	少々
ミックスシュレッドチーズ	40g
メイプルシュガー	適量

作り方

1 バットにAを混ぜ合わせてパンをひたし、途中返してしみ込ませる。フライパンにバターを入れて熱し、溶けたら弱火でパンを焼く。焼き色がついたら返して裏面も焼く。

2 1のフレンチトースト1枚の中央にオランダゴーダチーズ1枚をのせ、蒸し鶏使用分の半量をチーズの上に広げるように並べる。ベシャメルソース25gをのせてのばし、粗びき黒こしょうをふる。ミックスシュレッドチーズ半量、オランダゴーダチーズ1枚をのせ、フレンチトースト1枚をのせて軽く押し、平らにする。同様にもう1つ作る。

3 175℃に予熱したオーブンで5〜7分焼成する（スチームがあればスチームを入れる）。焼きあがったら熱いうちにメイプルシュガーをかける。

◉蒸し鶏（作りやすい量）
鶏むね肉1枚の表面をフォークでまんべんなく刺し、塩適量、こしょう少々をまぶし、白だし50mlとともにポリ袋に入れる。空気を抜いてしっかりと結び、約5分、作業台の上に軽くたたきつける（タンブリング）。炊飯器に袋ごと入れ、85℃の湯をひたるまで注ぎ、保温にして1時間おく。とり出して粗熱を取る。約70gを切り分け、5mm幅の薄切りにして使う。

◉ベシャメルソース（作りやすい量）
鍋に牛乳500ml、バター50gを入れ火にかけ、バターが溶けたらふるった薄力粉50gを加えてダマにならないように混ぜる。全体につやが出て滑らかになったら、バットに流し入れて冷やす。

パイレーツロール（厚切りポークトルティーヤラップ）

※本メニューは販売を終了しています。

メインの材料（4人分）

トルティーヤ（市販、お好みのもの）	4枚
豚バラかたまり肉	500g
小ねぎ	6本
しょうがの薄切り	40g
紹興酒	30ml
しょうゆ	30ml
Aしょうゆ、紹興酒	各50ml
水	150ml
砂糖	30g
こしょう	少々
白髪ねぎ	長ねぎ1本分
マヨネーズ	大さじ1
練りからし	小さじ1
野菜レリッシュ（市販）	小さじ4

作り方

1 豚の角煮を作る。鍋に湯3Lを沸かし、豚肉、小ねぎとしょうがを半量ずつ、紹興酒を入れて1時間30分煮る。ゆであがったらボウルに豚肉を取り出してしょうゆを塗り、約10分休ませる。

2 フライパンに1の肉を脂肪部分を下にして入れ、途中返しながら中火で焼く。全体にこんがりと焼き色がついたら流水で洗い、2.5cm幅に切る。

3 圧力鍋に残りの小ねぎとしょうがを敷きつめ、2の豚肉を並べ、Aを加えて火にかけ、圧がかかりはじめたら弱火にして10分加熱し、火を止めて圧を下げる。

4 トルティーヤ1枚を広げて**チリコンカン**大さじ2、包みやすい大きさに切った3の角煮適量、野菜のレリッシュ小さじ1の順にのせる。

5 マヨネーズと練りからしを混ぜて4の上にかけ、白髪ねぎをたっぷりのせてくるくる巻き、真ん中をピンで留める。残りも同様に作る。

●チリコンカン

鍋に**サラダ油大さじ1**、**にんにくのみじん切り小さじ1**を入れて弱火にかけ、香りが立ったら**玉ねぎのみじん切り100g**を加えて炒める。透き通ってきたら1cm幅に切った**ベーコン1枚**と**牛ひき肉150g**を加えてしっかり炒める。**塩、こしょう各少々**をふり、**レッドキドニー缶200g**と**赤ワイン100ml**を加え、中火で水分がなくなるまで煮詰める。**チリパウダー大さじ1**、**シナモンパウダー、クミンパウダー各小さじ1**、**カエンペッパー少々**、**トマトホール缶200g**、**トマトケチャップ大さじ1**、**チキンコンソメ（固形）1個**、**水200ml**を加えて60分、汁気がなくなるまで煮込み、塩、こしょうで調味する。

ミッキーピザ

Mickey Pizza

ドナルドのいたずら好きな甥っ子3人組が経営するレストランのメニュー。
ミッキーをかたどったピザは、定番のトマトソースを使わず、
ミートソースにコーンを合わせためずらしいアレンジで、お子様に人気でした。ご家庭でもぜひ！

カルツォーネ

Calzone

2002年のスペシャルイベント「ディズニー・ハロウィーン」の限定メニュー。
パンチェッタの塩味とケイジャンスパイスのパンチがきいた味わいに、生地に塗ったはちみつのコクが特徴。
カリっとしたかぼちゃの種の食感が楽しい一品です。生地を薄くのばすのがおいしさの秘訣!

ミッキーピザ

※本メニューは販売を終了しています。

材料（2人分、ミートソースは作りやすい分量）

牛ひき肉500g　A［玉ねぎ250g　にんじん125g　セロリ25g　にんにく1片］　トマト500g　塩、こしょう各少々　B［ローリエ1枚　タイムパウダー小さじ1　ナツメグパウダー少々　赤ワイン250ml］　デミグラスソース（市販）100g　ピザ生地（35ページ「カルツォーネ」の生地）160g　スイートコーン缶50g　マヨネーズ大さじ1　玉ねぎの薄切り30g　シュレッドチーズ80g　オリーブオイル適量

作り方

1　ミートソースを作る。Aはみじん切り、トマトは皮をむいてざく切りにする。フライパンにオリーブオイル大さじ2とにんにくを入れて弱火にかけ、香りが立ったら玉ねぎを加えて透明になるまで炒め、にんじん、セロリの順に加えて炒め、一度取り出す。

2　続けてフライパンにオリーブオイル小さじ1を熱してひき肉をかたまりのまま入れて焼きつける。塩、こしょうをふってザクザクとほぐしながら炒め、1を戻し入れ、Bを加える。水分がなくなるまでしっかりと煮詰めたら、トマトとデミグラスソースを加え、約15分煮込む。

3　仕上げる。ピザ生地を40g2個と20g4個に分け、それぞれ丸める。約5分おいて伸びやすくなったら平たい円形にし、オーブンペーパーを敷いた天板にミッキーの形になるようにくっつけてのせる。

4　2のミートソース100g、スイートコーン、マヨネーズを混ぜ合わせて3の生地に半量ずつ塗り広げ、玉ねぎの薄切り、シュレッドチーズを散らし、180℃に予熱したオーブンで12〜15分焼く。

トマトとモッツァレラとベーコンのピザ

※本メニューは販売を終了しています。

チェリートマトとモッツァレラチーズで水玉をあしらい、ミニーマウスをイメージした、2020年のスペシャルイベント「ベリー・ベリー・ミニー！」限定メニュー。

材料と作り方（1人分）

ボウルにベシャメルソース（32ページ）20g、クリームチーズ20g、ピザソース（市販）5gを混ぜ合わせ、滑らかになったらパン粉5gを加え混ぜる（A）。別のボウルに半分に切ったミニトマト3個、モッツァレラチーズ（ひとくちタイプ）5個、ハーブソルト1g、EXVオリーブオイル小さじ1を混ぜ合わせる（B）。ミッキーピザの要領で作ったピザ生地にAを塗り広げ、2.5cm幅に切ったスライスベーコン1枚を散らし、Bをのせ、180℃に予熱したオーブンで12〜15分焼く。

カルツォーネ

※本メニューは販売を終了しています。

材料（2人分）

具材

玉ねぎ	1/4 個
しめじ	60g
パンチェッタ	30g
にんにくのみじん切り	1 片分
塩、こしょう	各少々
ケイジャンスパイス	小さじ1
ホールトマト缶	70g
サラダ油	大さじ2

生地

強力粉	50g
薄力粉	25g
グラニュー糖、ドライイースト	各2g
塩	1g
水	50ml
サラダ油	7g

シュレッドチーズ	30g
はちみつ、かぼちゃの種	各適量

作り方

1 **具材**を準備する。玉ねぎはみじん切り、しめじは石づきをとって1cm長さに刻む。パンチェッタは8mmの角切りにする。フライパンにサラダ油とにんにくを入れて弱火にかけ、香りが立ったらパンチェッタ、玉ねぎの順に加え、しんなりしたらしめじを加えて炒める。塩、こしょう、ケイジャンスパイスを加えてスパイスの香りが立ったらホールトマトを加えて中火で水気がなくなるまで煮詰め、冷ます。

2 **生地**を作る。ボウルにサラダ油以外の材料を入れて混ぜ、手の腹を使って約15分こねて、耳たぶくらいのやわらかさになったらサラダ油を加えてさらにこねる。ひとまとまりにし、ラップをかけて60分発酵させる。

3 ガス抜きをして半分にし、丸めて10分休ませる。めん棒で後ろが透けるくらい薄く延ばして具材とシュレッドチーズを半量ずつ包み、表面にはちみつを塗り、砕いたかぼちゃの種をのせる。170℃に予熱したオーブンで15〜20分焼く。

チキンスープ ライム風味

メキシコの定番「ライムスープ」をパーク流にアレンジ。鶏もも肉は湯通しして臭みをカット。
野菜は塩、こしょうをふってしんなりするまでしっかりと炒めると、うまみと甘みが引き立ちます。
サルサソースの辛味や、ライムの酸味度合いはお好みで調整してください。

このメニューのお店

東京ディズニーシー
カフェ・ポルトフィーノ

キノコのクリームスープ、ポルチーニ風味

Porcini-Accented Cream of Mushroom Soup

開園20周年を迎える東京ディズニーシーのアニバーサリーイベントで催される「シーズナルテイストセレクションズ」の限定メニュー。イタリアの秋の味覚ポルチーニに、マッシュルームやエリンギ、しめじを合わせたきのこたっぷりの一品。スープに浮かせたミッキーシェイプは、パークで大人気のチュロス。シナモン風味がスープにマッチしています。

チキンスープ　ライム風味

※本メニューは販売を終了しています。

材料（2～3人分）

鶏もも肉		80g
A 玉ねぎ		90g
セロリ		30g
にんじん		15g
キャベツ		60g
トマト		1個
にんにく		1/2片
塩、こしょう		各少々
B 水		400ml
中華だし		大さじ1/2
ローリエ		1枚
サルサソース（市販）		大さじ2
ライム汁		小さじ2
EXV オリーブオイル		大さじ1
ライムの輪切り		2枚

作り方

1 鶏肉は1.5cm角くらいに切り、熱湯をかけて湯通しする。Aは5mm角、キャベツは1cm四方、トマトは種をとって1cm角に切る。

2 鍋にオリーブオイルとニンニクを入れて弱火で炒め、香りが立ったらAを順に加え、塩、こしょうをふって弱火のままじっくり炒める。キャベツも加えてしんなりするまで炒める。

3 鶏肉を加えて中火で炒め合わせ、Bを加えて約10分煮込む。トマト、サルサソースを加えてひと煮立ちしたらライム汁を加えて味を調える。

4 器に盛り、ライムの輪切りを飾る。

キノコのクリームスープ、ポルチーニ風味

材料（2人分）

A［玉ねぎ1/4個　ベーコン20g　エリンギ1本　しめじ50g］　マッシュルーム2個　にんにくのみじん切り1/2片分　塩、こしょう各少々　薄力粉15g　水200ml　チキンコンソメ（固形）1個　牛乳100ml　生クリーム50ml　バター 15g

〈**ミッキーのチュロス**（作りやすい分量）／生地（100ページ「チュロス」）適量　シナモンパウダー少々　揚げ油適量〉

〈**ポルチーニピュレ**／ポルチーニ（冷凍でも可）50g　塩、こしょう各少々　ブランデー大さじ1/2　バター5g〉

〈**ビーツのピュレ**（作りやすい分量）／ビーツ水煮1缶（250g）　塩少々〉

作り方

1 **ミッキーのチュロス**を作る。100ページ「チュロス」の要領で（シナモンパウダーは水とともに最初に加えて火にかける）生地を作り、丸型の口金で3つ丸（大1つ、小2つ）を絞ってミッキー型に整えて冷凍し、凍ったまま揚げる。

2 **ポルチーニピュレ**を作る。鍋にバターを入れて火にかけ、ポルチーニを炒め、塩、こしょうをふる。ポルチーニに火が通ったらブランデー、水25mlを加えてひと煮立ちさせ、ミキサーに移して撹拌する。

3 **ビーツのピュレ**を作る。ミキサーにビーツ缶と塩を入れて撹拌する。

4 Aは1cmの角切り、マッシュルームは6等分に切る。鍋にバターとにんにくを入れて火にかけ、香りが立ったら玉ねぎ、ベーコン、きのこ類の順に加えながら炒める。

5 塩、こしょうをふり、薄力粉をふりかけて焦げないように炒める。水を少しずつ加え、ダマにならないように煮溶かす。チキンコンソメを加えて強火で熱し、煮立ったらアクをとって弱火にして約5分煮る。

6 牛乳と生クリームを加え混ぜ、2のポルチーニピュレを加えて煮溶かす。器に盛り、1のミッキーのチュロスをのせ、まわりに3のビーツのピュレをかける。

ワンハンドメニュー

One hand menu

パーク内には、ワンハンドで食べられる食べ物もいっぱい。
ボリュームがあって見た目も楽しいメニューを紹介します。

このメニューのお店

**東京ディズニーランド
スキッパーズ・
ギャレー**

テリヤキチキンレッグ

牛カルビライスコーン

テリヤキチキンレッグ

※本メニューは販売を休止しています。

こんがり焼けた色と香ばしい肉のにおいに思わずかぶりつきたくなる、
パークを代表する人気メニューを、
ご家庭でも楽しんでいただけるようにアレンジしました。
鶏肉は真空に近い状態で調理することで、やわらかく仕上がります。

材料（2人分）

鶏もも骨付き肉 ——————————— 2本
酒、みりん ——————————— 各 50ml
しょうゆ ——————————— 25ml
砂糖 ——————————— 小さじ 1/2
チリパウダー ——————————— 少々

作り方

1 ジッパー付き保存袋に材料をすべて入れて肉になじませ、空気を抜いて口を閉じる。
2 鍋に湯を沸かして1を袋ごと入れ、軽い沸騰状態（約90℃）を保ちながら60分加熱する。
3 袋を取り出して中身を煮汁ごとフライパンに入れ、中火で照りが出るまで煮詰める。

牛カルビライスコーン

2018年「東京ディズニーリゾート35周年"Happiest Celebration！"」の限定メニュー。
見た目はまるでアイスクリーム!?　実は牛肉とごはんがしっかり詰まった、
腹ごしらえにぴったりの一品です。35周年のお祝い気分を盛り上げるクラッカーをイメージしました。

材料（2人分）

アイスクリームコーン2本　牛バラ薄切り肉80g　焼き肉のたれ（市販）大さじ2　ベシャメルソース（32ページ）50g　A［牛乳150ml　ナツメグパウダー、おろしにんにく各少々］　サラダ油小さじ1　カラフルごま適量〈サフランライス（1合分）／米1合　サフランパウダー少々　バター小さじ1〉

作り方

1 **サフランライス**を炊く。炊飯器に洗った米、サフランパウダー、水1合分、バターを入れて炊く。
2 鍋にベシャメルソースを入れて温め、**A**を加え、なめらかになったら塩で調味してこす。
3 フライパンにサラダ油を熱し、牛肉をさっと焼く。出た脂をキッチンペーパーでふきとり、焼き肉のたれを絡める。
4 ボウルに**1**のサフランライス60gを入れ、**2**のソース大さじ2を加えて絡める。
5 アイスクリームコーンに**3**の焼き肉を入れ、その上にアイスクリームに見立てて**4**のライスをのせ、残りの**2**のソースをかけ、ごまをふる。

牛カルビライスコーン（オムライス）

※本メニューは販売を終了しています。

2019年のスペシャルイベント『ディズニー・イースター』の限定メニュー。オムライス風にアレンジしています。

材料と作り方（2人分）

チキンライスを作る。熱したフライパンにバター6gを入れて玉ねぎのみじん切り15gを炒め、しんなりしたら1cm角に切った鶏もも肉20gを加えて炒める。ごはん130g、トマトケチャップ30g、トマトソース（市販）15gを加えて焦げないように強火で炒めて塩少々で味を調え、火を止めてベシャメルソース（32ページ）30gを混ぜ合わせる（A）。アイスクリームコーン2本に牛カルビライスコーンの焼き肉を入れ、その上にアイスクリームに見立ててAをのせ、スクランブルエッグ（24ページ）40gとベシャメルソース10gを混ぜたものをかけ、アボカドチップス（市販）を立てる。

スプリングロール ピザ

人気のスプリングロールを家庭で簡単に作れるようアレンジ。トマトソースは、野菜類を順に加えて都度炒め合わせていくことで、甘みやうまみが増していきます。特に玉ねぎにベーコンのうまみを吸わせながら炒めるのがコツ。ピーマンは彩りを活かすために最後に加えます。

スプリングロール
エッグ＆シュリンプ

プリプリのえびと卵サラダが入った洋風春巻き。えびに軽く火入れしておくと、香り高さと食感をより楽しめます。卵サラダにはタルタルソースを加えてコクとまろやかさをアップ。カエンペッパーで味をしめますが、辛さが苦手な場合はパプリカパウダーで代用を。

スプリングロール
ピザ

....

材料（2人分）

春巻きの皮2枚　ホールトマト缶200g　にんにくの
みじん切り1/2片分　ベーコンのみじん切り20g　玉
ねぎのみじん切り1/4個分　ピーマンのみじん切り
1/2個分　A［コンソメ（顆粒）1g　砂糖ひとつま
み　塩、こしょう、オレガノパウダー各少々］　B［小
麦粉、水各大さじ1］　シュレッドチーズ60g　サラ
ダ油大さじ1/2　揚げ油適量

作り方

1 小鍋にトマト缶を入れて弱火にかけ、焦げない
　ように混ぜながら水分がなくなるまで煮詰め、
　火を止める。
2 別の鍋にサラダ油とにんにくを入れて弱火にか
　け、香りが立ったらベーコンを加えてしっかり
　炒める。脂が出たら玉ねぎを加えて炒め、玉ね
　ぎが透き通ってしんなりしたらピーマンを加え
　て約3分炒める。1とAを加え、なじんだら火か
　らおろして冷ます。シュレッドチーズと混ぜ合
　わせる。
3 春巻きの皮に2を半量ずつのせて棒状に包み、
　混ぜたBを皮のふちにつけて閉じる。180℃の揚
　げ油で、きつね色になるまで揚げる。

スプリングロール
エッグ＆シュリンプ

※本メニューは販売を終了しています。

....

材料（2人分）

春巻きの皮2枚　ゆで卵2個　むきえび50g　カエン
ペッパー（またはパプリカパウダー）少々　タルタ
ルソース（市販）30g　塩少々　A［小麦粉、水各大
さじ1］　揚げ油適量

作り方

1 ゆで卵は殻をむき、粗みじんに切る。えびは背
　わたをとって1cm幅に切る。
2 フライパンを熱してサラダ油少々（分量外）を
　熱してえびを炒め、火が通ったらカエンペッパ
　ーをまぶしてボウルに移す。粗熱がとれたら、
　1のゆで卵とタルタルソースを加えて混ぜ合わ
　せ、塩で調味する。
3 春巻きの皮に2を半量ずつのせて棒状に包み、
　混ぜたAを皮のふちにつけて閉じる。180℃の揚
　げ油で、きつね色になるまで揚げる。

Chef interview

フード本部　エグゼクティブシェフ

下村康弘

ホテルで14年間フランス料理の研鑽を積み、2001年オリエンタルランド入社。2019年東京ディズニーランド・東京ディズニーシーのエグゼクティブシェフに就任。総責任者としてパーク内レストランのメニュー開発製造、キャストの調理教育・指導に従事。2008年「第42回ル・テタンジェ国際料理賞コンクール・ジャポン」で優勝、同年国際ファイナルで準優勝など、数々の賞を獲得。

本場の味を追求し、パークならではのメニューに

パークのメニューはテーマ性、イベント性、キャラクター性、バックグラウンドストーリーなど、"パークならでは"感を反映し作り込んでいます。「オマール海老のシーフードガンボ」は、まさにそれを体現したメニュー。レストランの舞台、アメリカ南部ニューオーリンズにおいてガンボは日本のみそ汁のような存在なので、開発担当者が現地に赴いて食べ歩き、本場の味を取り入れながら食べやすい味に仕上げました。本書を通じてご自宅でもパークを体感してもらえたら嬉しいです。

調理工程の意味合いを覚えると"料理のコツ"がわかる

料理の調理工程には、すべてにおいて意味があります。作るときは工程を覚えるより、「切り方をそろえるのは煮くずれないようにするため」「炒める・煮る順番が決まっているのは火通りや味のしみ込みを均一にするため」など、意味合いを覚えると失敗した際もリカバリーしやすく、応用がききます。また、火加減はコンロよりフライパンや鍋の中の温度を気にすることで調整しやすくなります。ぜひ作業内容を意識して、作ってみてください。

> **シェフのお気に入り調味料**
> ### こんぶ茶
> 料理に少量加えると、塩味をプラスするだけでなく深みやコクが出ます。洋食の煮込み料理やパスタソースにもコクを与え、魚にふると臭み抜きにもなるなど、あらゆる料理への汎用性が高いです。

フード開発販売部フード開発販促グループ　スーシェフ

三浦千佳子

2001年オリエンタルランド入社。パーク内のテーブルサービスレストランを中心に、洋食・デザートの調理運営を担当。現在は、洋食・ワンハンドスナックなどのメニュー開発、監修に従事している。

食べたときの家族の反応を思い浮かべながら作る

パークには多様なジャンルのシェフがいて、みなレストランのテーマ性を重視しながら熱心にメニュー開発をしています。ジャンルを超えた交流もあり、勉強になることばかり。家で料理するときも参考にしながら「子ども達はどんな反応をしてくれるかな？ 気に入ってくれるかな？」と想像し、子ども達が好む食材や味つけにアレンジします。思った通りの笑顔が見られたときの喜びは格別。料理は知識やテクニックも求められますが、いちばんは思い。「おいしくなぁれ」が最高のスパイスです！

パークの食時間をゆっくり楽しんでほしい

パークのレストランはそれぞれテーマがあり、内装や料理、サービスにいたるまで忠実に表現しています。「ブルーバイュー・レストラン」は、月明かりのもと蛍のまたたきや流れ星を見ながら食事を楽しめ、ロマンティックな雰囲気。おすすめは、偶然にも下村シェフと同じ「オマール海老のシーフードガンボ」で、豪快な魚介と香辛料の風味が食欲をそそり食卓が華やかになります。ぜひ時間をかけて楽しんでいただきたいメニューです。

> **シェフのお気に入り調味料**
> ### ハーブソルト
> メーカーによってハーブの組み合わせに違いがあり、蒸し鶏やマリネなど同じメニューでも使い分けることで味わいに変化が出ます。しょうゆパウダー入りなら和風になるなど、洋風以外のものもお勧め。

れすとらん北齋

和食に魅了されたオーナーが自身のレストランを和食レストランに改装してオープンさせたのが「れすとらん北齋」です。
20世紀初頭のアメリカの街並みであるワールドバザールにいながらにして、日本文化や日本の味に触れられる場所です。

Restaurant Hokusai

第 ② 章　和食

Restaurant Sakura

レストラン櫻

アメリカンウォーターフロントのニューヨークにある「レストラン櫻」は、日本人移民が
フィッシュマーケット（魚市場）を改装して作った和食を楽しめるレストランです。

このメニューのお店

東京ディズニーシー
レストラン櫻

銘柄鶏の竜田揚げ
Chicken Tatsuta-age

甘辛い味わいで、年齢問わず人気のメニュー。波止場のレストランならではの、魚の香りとうまみが詰まった
照り焼きのたれがポイントです。魚の骨を低温でじっくりと焼くことで生臭さがない香ばしいたれになります。
鶏肉をしっとり仕上げるため、余熱を逆算して油から引き上げるのがコツ。

*Sansho-Simmered
Spanish Mackerel*

鰆の山椒煮

日本の情緒を感じてもらうことを意識して、実山椒が香るさわらの煮付けに、
菜の花畑に見立てた磯辺ととろろを合わせました。さわらはふっくら、味しみ大根はとってもジューシー。
濃口しょうゆとたまりしょうゆを時間差で入れることで、味にグッと深みが出ます。

Chicken Tatsuta-age

銘柄鶏の竜田揚げ

※本メニューは販売を終了しています。

メインの材料（2人分）

鶏もも肉	2枚
A 酒、しょうゆ	各大さじ2
おろししょうが	小さじ2
B なす	1/2〜1本
かぼちゃの薄切り	2枚
しいたけ	2個
ヤングコーン	2本
ミニトマト	2個
オクラ	2本
片栗粉	大さじ4
揚げ油	適量
粉山椒	お好みで少々

作り方

1 ポリ袋などに鶏肉とAを入れて揉み込み、冷蔵庫で1時間寝かす。

2 鶏肉を出して片栗粉をまぶし、165℃の揚げ油で7分揚げ、網に取り出し、2分おいて余熱で火を通す。Bも（なすは縦4等分に切る）順に揚げ油に入れて素揚げする。

3 鶏肉はそれぞれ5等分に切り、しいたけは大きければ半分に切って素揚げ野菜とともに器に盛る。**照り焼きのたれ適量**（1人分約50ml）をかけ、お好みで粉山椒をふる。

◉照り焼きのたれ（作りやすい分量）
鍋に**しょうゆ200ml、みりん、酒各250ml、砂糖大さじ1**を入れて中火にかけ、ひと煮立ちしたら**焼いた魚（鯛）の骨20g**（かつおだしのもと小さじ2で代用可）を加えて弱火で10分煮る。水溶き片栗粉（**片栗粉大さじ1、水大さじ1**）をしっかり混ぜてから加え、とろみがついたら火を止めて常温でゆっくり冷ます。キッチンペーパーを重ねたざるでこす。

52

鰆の山椒煮

※本メニューは販売を終了しています。

材料（2人分）

さわら	70g×4切れ
大根	5cm
たけのこ（水煮）	1本（120g）
卵	1個
山いも	60g
青のり	小さじ1
ししとう	2本
プチトマト	2個

A	水	600ml
	酒、みりん	各大さじ4
	砂糖	大さじ2
	和風だし（顆粒）	小さじ2

B	しょうゆ	50ml
	しょうがの薄切り	4枚
	実山椒	30g

たまりしょうゆ	20ml
揚げ油	適量

作り方

1 さわらは約80℃の湯で霜降りにし、キッチンペーパーでふく。大根は縦半分に切ってから横半分に切り、竹串がすっと入るまで下ゆでする。たけのこは4等分に切る。

2 鍋にAと大根、たけのこを入れて強火にかけ、煮立ったら中火にして15分煮る。さわら、Bを加えてアクをとりながら10分煮、たまりしょうゆを加えてさらに10分煮る。火を止めて冷まし、味を含ませる。

3 卵を固ゆでにして黄身をざるで裏ごし、オーブントースターの低温で水分を飛ばす（煎り玉）。山いもをすりおろし、青のりと混ぜる（磯辺とろろ）。160℃に熱した揚げ油でししとうとプチトマトを素揚げする。

4 2を再び火にかけ、温まったら器に盛る。大根の上に3の磯辺とろろと煎り玉をのせ、素揚げした野菜を添える。

祭りちらし寿司
Chirashi-Zushi

2016年のスペシャルイベント「ディズニー夏祭り」の限定メニュー。"おみこし"をイメージした盛り付けは、
玉子焼きで台輪、具材で堂を表現しています。まずはそのまま、次に薬味を散らして、
最後に冷やしだしをかけてと、味わいの変化を楽しめます。

ローストビーフ丼
山葵マヨネーズと和風ソース

2018年・2019年のスペシャルイベント「ディズニー七夕デイズ」の限定メニュー。
肉の下味に、スパイスではなくめんつゆを使ってお子様からお年寄りまで食べやすい和風の味わいに仕上げました。
バターとレモンが入ったさわやかな和風ソース、わさびマヨネーズ、2つの味で楽しめます。

Chirashi-Zushi

祭りちらし寿司

メインの材料（2〜3人分）

寿司飯	400g
玉子焼き（市販）	約100g
青じそ	2枚
まぐろ（刺身用、切り身）	4〜6枚
ゆでえび（開き）	2枚
たこわさび	20g
いくら	30g
ピンクかまぼこ（ミッキー型抜き）	2枚
にんじん（ゆでてミッキー型抜き）	2枚
ゆで枝豆（むいたもの）	20g
A 水	440ml
かつおだしのもと	小さじ2
薄口しょうゆ、塩	各小さじ2
粉ゼラチン	2.5g
B きざみのり	適量
昆布茶	小さじ2
練りわさび	少々
刺身しょうゆ	20ml

作り方

1 合わせだしを作る。鍋にAを入れて中火にかけ、煮立ったら火を止めて氷水にあてて冷ます。

2 寿司酢ジュレを作る。水大さじ1に粉ゼラチンを入れてふやかし、鍋に入れ、**シャリ酢100ml**を加えて火にかける。ゼラチンが溶けたら火を止め、粗熱がとれたら冷蔵庫で冷やしかためる。

3 器に寿司飯（ごはん100gにシャリ酢10mlの割合）を盛る。玉子焼きを寿司飯の大きさに合わせて棒状に4本切り、おみこしの台輪のように端を重ねながら四角くのせ、中心部分に青じそ、まぐろ、半分に切ったえび、たこわさび、いくらを盛り合わせる。かまぼことにんじんを添え、枝豆を散らし、2の寿司酢ジュレをのせ、1とBを別皿に入れて添える。

※好みの薬味をかけたり、器にとって合わせだしをかけたり、味の変化を楽しんで食べてください。

●シャリ酢（作りやすい分量）

鍋に**米酢1.8ℓ**、**砂糖1kg**、**塩400g**、**みりん100ml**を入れてよく混ぜ合わせ、中火にかける。煮立つ寸前に火を止め、**昆布20g**、焼いた**梅干し3個**を入れて冷暗所で約1週間寝かす。

※酸が強いので、ガラスやホーロー製のきっちり密閉出来る容器を使ってください。

ローストビーフ丼
山葵マヨネーズと和風ソース

※本メニューは販売を終了しています。

メインの材料（2人分）

牛ももかたまり肉	500g
エリンギ	1〜2本
オクラ	2本
パプリカ（赤、黄）	各30g
ズッキーニ	30g
めんつゆ（2倍濃縮）	200ml
塩、こしょう	各少々
サラダ油	適量
オリーブオイル	大さじ1
温かいごはん	400g
レタスのせん切り	50g
サラダ菜	2枚

作り方

1 ポリ袋などに牛肉とめんつゆを入れて空気を抜いて口をとじ、1時間漬ける。

2 牛肉を取り出して表面全体にサラダ油を塗り、熱したフライパンに入れて表面全体に焼き色をつけ、180℃に予熱したオーブンで8分焼く。焼きあがったらアルミホイルで包み、常温で20分寝かせる。

3 エリンギは4等分に切る。オクラは下ゆでする。パプリカとズッキーニは半分に切る。オリーブオイルを中火で熱したフライパンにすべて入れて塩、こしょう各適量をふり、しんなりするまで炒める。

4 器にごはんを盛り、レタスを敷いて、薄切りにしたローストビーフを並べる。サラダ菜をのせ、3の焼き野菜を盛る。**わさびマヨネーズソース**をかけ、星型に抜いた**薄焼き玉子**を飾り、**和風ソース**を添える。

◎和風ソース
鍋にしょうゆ、酒各大さじ2、米酢、大根おろし各大さじ1、砂糖小さじ1を入れて火にかけ、煮立ってきたら火を止めて**バター**10g、**レモン汁**小さじ1を加える。

◎わさびマヨネーズソース
わさび小さじ1とマヨネーズ大さじ2を混ぜ合わせる。

◎薄焼き玉子
ボウルに卵2個を割りほぐし、**塩、砂糖**各小さじ1/4、**水溶き片栗粉**（片栗粉小さじ1、水小さじ1）を加えて混ぜる。熱した玉子焼き用フライパンに約5mm厚さに流し入れ、弱火にして表面に気泡が出てきたらひっくり返し、30秒焼く。

ゆず胡椒風味の和風ソース

※本メニューは販売を終了しています。

『レストラン櫻』では、厚切りのボリュームたっぷりなローストビーフ丼を提供。隠し味にゆず胡椒を使った甘辛味の和風ソースは、肉料理全般に相性がよく、白米にもよく合います。ゆず胡椒の量はお好みで調整を。

材料と作り方（作りやすい分量／約500ml）

しょうが10g、にんにく1/2片、りんご50g、玉ねぎ150gはすりおろす（A）。鍋にみりん150ml、酒大さじ2を入れて中火にかけてアルコール分を飛ばし、A、砂糖、水各大さじ2、しょうゆ160ml、100%パイナップルジュース50mlを加え、アクを取りながらひと煮立ちさせる。米酢大さじ1を加えて約20分煮詰め、最後にゆず胡椒小さじ1を加え混ぜて火を止める。

チャーリー特製味噌クラムチャウダー
Charlie's Miso Clam Chowder

アメリカ生まれのクラムチャウダーに、和の食材「味噌」を組み合わせた長年親しまれている人気メニュー。
殻付きのあさりを使うことで濃厚なうまみがスープに浸透。
味噌は仕上げる直前に入れることで風味豊かなチャウダーに仕上がります。

このメニューのお店
**東京ディズニーランド
れすとらん北齋**

雑煮椀

Rice Cake and Chicken in Broth

年始の時期だけに登場する日本ならではの一品。下焼きした鶏の香ばしさと、野菜のうまみを
かつおのだしにしっかり行き渡らせ、あっさりとしながらも味わい深いすまし仕立てになっています。
薄口しょうゆを2回に分けて加えることで風味を際立たせます。

チャーリー特製味噌クラムチャウダー

材料（4人分）

あさり（砂抜きしたもの）	400g
白ワイン	150ml
A ベーコン	50g
玉ねぎ	50g
にんじん	50g
セロリ	50g
じゃがいも（メークイン）	150g
しいたけ	50g
無塩バター	30g
にんにくのみじん切り	10g
塩、こしょう	各少々
B 牛乳	600ml
チキンブイヨン（顆粒）	10g
貝の小柱	100g
生クリーム	120ml
赤味噌	30g
小ねぎの小口切り	20g

作り方

1 あさりは殻をこすり合わせてよく洗い、鍋に入れて白ワインを加え、中火にかける。口が開いたら火を止め、あさりの身を殻からはずし、煮汁とむき身をとっておく。Aはすべて1cmの角切りにする。

2 鍋にバターを入れて弱火で溶かし、にんにくを加えて炒める。香りが立ったらAを加えて中火にし、塩、こしょうをふって炒め、野菜がしんなりしたらあさりの煮汁とむき身、Bを加えて弱火で約15分煮る。

3 生クリームと赤味噌を加えて弱火のまま5分煮る。器に盛り、小ねぎを散らす。

雑煮椀

※本メニューは販売を終了しています。

材料（4人分）

切り餅	4切れ
鶏もも肉（カット）	約25g×4切れ
にんじん	4cm
ほうれんそう	1株（40g）
里いも	4個
ボイルむきえび	4個
塩	適量
A 水	600ml
┃ 塩	小さじ2
┃ かつおだしのもと（顆粒）	小さじ2
薄口しょうゆ	小さじ4
ゆずの皮のせん切り	4g

作り方

1 鶏肉は軽く塩をふり、オーブントースターで焼き目をつける。にんじんは4等分の輪切りにしてゆで、ミッキー型に型抜きする。ほうれんそうは塩ひとつまみを入れた湯でさっとゆがき、冷水にとって絞り、食べやすい長さに切る。

2 里いもは皮をむいて表面を手で擦るようにしっかり洗い、ぬめりをとる。鍋に入れ、ひたひたの水と生米10g（分量外）を加えて強火にかけ、煮立ったら中火で約10分ゆでる。竹串がすっと入ったら水にさらす。

3 鍋にAを入れて火にかけ、煮立ったら薄口しょうゆを半量加えて一旦火を止める。1の鶏肉とにんじん、2を加えて弱火にかけ、15分煮る。

4 具を取り出してキッチンペーパーを重ねたざるでこし、汁を鍋に戻し入れる。再び火にかけ、温まったら残りの薄口しょうゆを加えて火を止める。

5 餅をオーブントースターで焼き目をつけて器に盛り、4で取り出した具、えび、1のほうれんそうを入れ、4の汁を注いでゆずの皮を飾る。

Column

お弁当 Box lunch

パークのメニューには、お弁当にぴったりの料理もいろいろ。
なかでも行楽におすすめのメニューを紹介します。

いなりロール（焼肉）

※本メニューは販売を終了しています。

焼き肉入りでボリューム満点！ お弁当にお
すすめです。揚げをしっかりしぼっても味
が残るように甘辛く仕上げるのがコツ。

このメニューのお店
**東京ディズニーランド
フードブース
（トゥモローランド側）**

材料（4本分）

揚げ

南関揚げ※	2枚
A 水	540ml
みりん	大さじ1
砂糖	大さじ6
酒	大さじ2
B しょうゆ	大さじ6
薄口しょうゆ	大さじ6

※南関揚げが手に入らない場合は、市販のうす揚げや巻きずし用の揚げで代用可。

具材

牛薄切り肉	120g
玉ねぎ	40g
ごぼう	40g
にんじん	20g
焼き肉のたれ（市販）	大さじ4

マヨネーズ	大さじ4
焼きのり（半切）	4枚
寿司飯	480g

作り方

1 揚げを煮る。南関揚げは沸騰したたっぷりの湯に入れて約10分
ゆでて油抜きし、半分に切る。鍋にAを入れて強火にかけ、煮
立ったら中火にしてBを加え、揚げを1枚ずつよく絞って加える。
落としぶたをして20分煮込み、火を止めてそのままゆっくり冷
ます（1日漬け込むと味がしっかりしみ込む）。

2 具材を作る。玉ねぎは薄切りにする。ごぼうとにんじんはささ
がきにしてそれぞれ下ゆでする。フライパンを熱して牛肉を炒
め、軽く火が通ったら玉ねぎ、ごぼう、にんじん、焼き肉のた
れを加えて炒め合わせ、火が通ったらバットにあげて粗熱をとる。

3 巻きすに焼きのりをおき、寿司飯120gを敷き詰め、ラップをか
ぶせる。のりが上になるようにラップごとひっくり返し、のり
の真ん中にマヨネーズ大さじ1を塗り、その手前に2の1/4量を
のせて巻く。ラップをはずしてよく絞った1の揚げをまわりに
巻く。同様に4本作り、食べやすい大きさに切る。

すき焼きサンド

※本メニューは販売を終了しています。

ディズニー＆ピクサー映画『カーズ2』の舞台、日本をテーマにした和風サンド。パンの赤色と卵黄ソースの黄色が、ライトニング・マックィーンのボディカラーを表現しています。

このメニューのお店

東京ディズニーシー
ニューヨーク・デリ

材料（2人分）

赤いバンズ（またはドッグパン）	2個
牛バラ薄切り肉	80g
A ちくわ	20g
長ねぎ	10g
ごぼう	20g
にんじん	10g
しめじ	20g
結びしらたき	20g
B しょうゆ	大さじ3
みりん、砂糖	各大さじ2
水	大さじ1と1/2
グリーンカールリーフ	2枚
卵黄ソース	
卵黄	2個分
マヨネーズ	大さじ1
薄口しょうゆ	大さじ1/2
片栗粉	小さじ1

作り方

1 Aのちくわは輪切り、長ねぎはささ切り、ごぼうはささがき、にんじんは細切り、しめじは石づきをとる。ごぼう、にんじん、しらたきは下ゆでする。

2 フライパンにサラダ油少々（分量外）を中火で熱して牛肉を炒め、火がほぼ通ったらAとBを加えて水分がなくなるまで炒める。バットにあげて粗熱をとる。

3 卵黄ソースを作る。ボウルにソースの材料を混ぜ合わせ、湯煎にかける。耐熱ゴムべらで常に混ぜながら約5分加熱して濃度をつける。

4 バンズを切り開いてグリーンカールリーフを敷き、2を80gずつのせ、3の卵黄ソースをかける。

Chef interview

フード開発販売部フード開発販促グループ スーシェフ

片岡龍之介

フレンチレストランで13年間研鑽を積み、2017年オリエンタルランド入社。パーク内のテーブルサービスレストランのメニュー開発・調理運営を担当。2019年「第18回メートル・キュイジニエ・ド・フランス"ジャン・シリンジャー杯"」準優勝。

ちょっとした工夫で、いつもの料理がパーティ風に

もともと料理好きなのもあって、僕自身、家でもキッチンに立つことがよくあります。好きなのは鶏肉料理。定番のから揚げは、下味を塩、こしょうだけのシンプルなものにし、子ども達にはケチャップやお好みソース、マヨネーズ、青のりを混ぜたお好み焼き風のソース、大人にはねぎ塩ごま油や、ピリ辛ソース、ネバネバだれなどを用意すると、パーティ感覚で楽しめます。鶏ひき肉と野菜のパイ包みも人気料理で、簡単ながら豪華に見えるのでおもてなしに活躍しています。

ストーリー性を大切に、ゲストの体験価値を高めたい

「マゼランズ」は世界各国のさまざまな料理やおいしいワインを楽しむことができる、お気に入りレストランのひとつ。本書で紹介している「サーモンのミキュイ クミン風味のクレソンソース」は、日本でもなじみ深いサーモンをフレンチの技法でレストラン料理に昇華し、カレーなどに使用されるクミンと栄養価の高いクレソンを組み合わせました。スパイスがアクセントになって、しっかりとした味の調和が感じられるお勧めの一品です。

シェフのお気に入り調味料
クミン

エスニックな芳香で主にカレーに使用されるイメージですが、サラダやマリネなど多様なレシピに使える汎用性のあるスパイスです。パークのレストランメニューの開発時にも役立ちますし、家で料理するときも便利で、ちょっとしたアレンジに最適。にんじんの浅漬けに少し加えると、エキゾチックな味わいに変化します！

フード開発販売部フード販売グループ スーシェフ

松本健太

京懐石や寿司など日本料理全般の研鑽をホテルで16年間積み、2019年オリエンタルランド入社。パーク内のレストランにてデザートを含む和食のメニュー開発・調理運営に従事している。

アトラクションの合間に、和スウィーツで癒しを

パークの和食店舗では、本格的な日本料理のほか、カフェタイムにぴったりの和スウィーツも提供しています。『レストラン櫻』では、本書で紹介している「フルーツとわらび餅のパフェ」や「スペシャルデザートセット」も人気。"ミッキーとミニーの庭園散歩"をイメージした和要素満載のデザートプレートで、苺と抹茶のモンブランや抹茶アイスなど4つの味が楽しめます。上品な甘みと繊細な味わいは幅広い年齢層に好評。ゆっくり過ごしたいときにぜひ訪れてください。

仕込みに手をかけ、食材の味を引き出す

和食作りは「ひと手間」が大事。焼き魚は塩をふったのち、しばらく寝かせて出たドリップを丁寧に拭き取ってから焼くと、臭みがなくうまみが際立ちます。魚の煮付けは強火でしっかり臭みを出してから調味料を加え、煮汁に魚の味を引き出すのがポイント。調味料の味しかしない煮汁ではまだ完成とはいえず、食材の味が浸透した煮汁が食材に煮含められてできあがる、味を「つける」のではなく「引き出す」ことを意識し調理するとよいでしょう。

シェフのお気に入り調味料
和三盆糖

手間のかかる製法で作られる和三盆糖は、やわらかな口どけですっきりとして上品な甘み、まろやかさがあります。例えば、贅沢ですがふだん上白糖を使っている煮物の味付けを和三盆糖にするだけでコクが増し、ワンランク上の味わいに。また、水に溶かすだけで、わらび餅に合うおいしいパフェシロップになります。

ボイラールーム・バイツ

かつて海賊船で働いていた中国人コックの孫がこの島にやってきて、ボートハウスを中華料理のレストランに改造。
おじいさんから受け継いだレシピをいかしたメニューで、カリブの島の交易路を通る人々に、
手軽でおいしい食事を提供しています。

Boiler Room Bites

第**3**章　中華

Vulcania Restaurant

ヴォルケイニア・レストラン

ミステリアスアイランドのカルデラ内部にある火山性の洞窟の中には、ネモ船長の科学基地にエネルギーを供給して
いる地熱発電所があります。この発電所の中にあるレストラン「ヴォルケイニア・レストラン」では、
ユニークな地熱キッチンで、中華料理を提供しています。

よだれ鶏

Chicken with Spicy Sauce

四川を代表するマーラー味の鶏肉の料理を、日本人の口に合うよう辛さやしびれを抑えた、
パークオリジナルの味つけに仕上げました。やまくらげときゅうりの食感が、アクセントになっています。

このメニューのお店
東京ディズニーシー
セイリングデイ・ブッフェ
（2018年クローズ）

厚揚げの味噌炒め

2003年東京ディズニーシー 2ndアニバーサリーブッフェ「フロム・ザ・ムービー」で提供された一品。ディズニー映画
『ムーラン』での食事を再現したこのお料理は、ピリ辛で食欲をそそる香りと、こってりとした味わいでごはんによく合います。
中華といえば火力強めのイメージですが、調味料の風味を活かすため中火でコトコト煮て厚揚げに味をしみ込ませます。

よだれ鶏

※本メニューは販売を終了しています。

材料（2人分）

鶏むね肉	1枚
A 小ねぎ	2本
しょうが	10g
四川山椒	5粒
水	2ℓ
やまくらげ（乾燥）	5本分
塩	少々
ごま油	小さじ1
きゅうり	1本
香菜	10g
ピーナッツ	20g

作り方

1 やまくらげは一晩水に浸して戻し、4〜5cm長さに切って下ゆでする。氷水で冷却し、水気をよくきり、塩とごま油で下味をつける。

2 鍋（鶏肉がしっかりと浸かる大きさ）にAを入れて火にかけ、煮立ったら鶏肉を加える。再度煮立ったら火を止め、ふたをして40分、余熱で火を通し、取り出して冷ます。

3 きゅうりはせん切り、香菜は葉と茎に分け、葉はざく切り、茎はみじん切りにする。ピーナッツは砕く。

4 器にきゅうりとやまくらげ、みじん切りにした香菜の茎を盛り、鶏肉を3〜5mm幅に切ってかぶせるように盛りつける。**たれ**を全体にかけ、ピーナッツを散らし、香菜の葉を飾る。

●たれ（作りやすい分量）

鍋に**しょうゆ140ml、紹興酒130ml、砂糖100g、五香粉小さじ1**を入れて火にかけ、煮立ったら弱火にして煮詰める。半分量になったら火を止めて冷ます（冷蔵庫で約1週間保存できます）。食べる直前にボウルに50g注ぎ入れ、**おろしにんにく、酢各小さじ1、辣油小さじ1〜2**を加えて混ぜる。

厚揚げの味噌炒め

※本メニューは販売を終了しています。

....

材料（2人分）

厚揚げ	1枚
干ししいたけ	2枚
豚バラ薄切り肉	30g
長ねぎ	1/2本
たけのこ（水煮）	50g
にんじん	30g
にら	20g

A 甜面醤	大さじ1
豆板醤	小さじ1
おろししょうが、おろしにんにく	各小さじ2
サラダ油	小さじ2

B 清湯（82ページ）※	150ml
干ししいたけの戻し汁	50ml
しょうゆ、砂糖	各小さじ2
こしょう	少々

紹興酒	小さじ2

C 片栗粉	小さじ2
水	大さじ1

サラダ油	小さじ1
ごま油	小さじ2

※清湯は、水150mlに中華だし（顆粒）大さじ1を溶かしたもので代用可。

作り方

1 干ししいたけはボウルに入れてかぶるくらいの水を注ぎ、常温で一晩浸して戻す（戻し汁はBで使う）。

2 厚揚げは熱湯でさっとゆで、縦半分に切ってから1cm幅に切る。長ねぎは斜め切り、たけのこは薄切り、にんじんは1cm幅の短冊切り、にらは5cm長さに切る。戻したしいたけは薄切り、豚肉は3cm幅に切る。A、Bはそれぞれ混ぜておく。

3 フライパンにサラダ油を弱火で熱し、豚肉を焼く。途中返し、こんがりきつね色になったら長ねぎ、たけのこ、にんじん、しいたけを加えて中火で炒め、油がまわったら一度取り出す。

4 続けてフライパンにAを入れ、弱火でじっくり炒める。香りが立ったら紹興酒をまわし入れ、Bを加え混ぜて火を止める。厚揚げを重ならないようにして加え、3を戻し入れて弱火にかけ、ふたをして約5分煮る。

5 火を止めて味見し、にらとCの水溶き片栗粉を加える。手早く混ぜて強火にかけ、とろみがついたら鍋肌からごま油をまわしかける。

緑のギョウザ

Guoza Assortment

ネモ船長の潜水艇、ノーチラス号をイメージした白、黒、緑3色の焼き餃子は、
2003年オープン当時の大人気メニューでした。今回は、その中から緑色をピックアップしてご紹介。
ご家庭で作りやすいよう、青汁を使った生地でアレンジしています。

ナスのゴマソースかけ

北京ではポピュラーなメニューを、レストランでは3種盛りの前菜のひとつとして、ひと口サイズで提供しています。
とろっとしたなすにコクのあるごまソースが絡む、夏にぴったりの冷菜です。

緑のギョウザ

※本メニューは販売を終了しています。

材料（12個分）

肉あん

豚ひき肉	100g
白菜	100g
にら	30g
長ねぎ	30g
A しょうゆ、オイスターソース	各大さじ1
おろしにんにく、砂糖、チキンパウダー	各小さじ1
こしょう	少々
ごま油	大さじ1

餃子の皮

薄力粉	150g
強力粉	50g
B 塩、サラダ油	各小さじ1
青汁の粉	25g
湯	100〜120ml

サラダ油	適量
酢じょうゆ、辣油（83ページ）	お好みで各適量

作り方

1 **肉あん**を作る。白菜はさっと下ゆでして水気をよくきり、みじん切りにする。にらと長ねぎもみじん切りにする。

2 ボウルにひき肉、**A**を入れてよく混ぜ、**1**とごま油を加えてよく混ぜたらラップをかけ、冷蔵庫で1時間寝かせる。

3 **餃子の皮**を作る。薄力粉と強力粉を合わせてボウルにふるい入れ、**B**を加え混ぜ、湯を少しずつ加えながらよくこねる。全体になじんだらひとまとまりにしてラップにくるみ、常温で（夏30分、冬1時間）寝かせる。

4 **3**を12等分にちぎり分けて縦7cm、横12〜13cmの楕円形に薄くのばし、**2**を1/12量をおく。縦長になるように折って生地をくっつけ、つけた部分を上にして細かくジグザグに折りたたみ、ひだを作る。

5 フライパンに餃子を並べて、餃子の1/3の高さまで湯（分量外）を注ぎ、ふたをして強火で蒸し焼きにする。水分が飛んだらサラダ油をまわし入れて焼き色をつける。器に盛り、お好みで酢じょうゆ、辣油を添える。

ナスのゴマソースかけ

※本メニューは販売を終了しています。

材料（2人分）

なす ——————————————— 2本

A 練り白ごま ———————————— 大さじ2
  水 ————————————————— 大さじ2
  おろしにんにく ————————— 小さじ1
  ごま油 ————————————— 小さじ1
  塩 ————————————————— 小さじ1/2

クコの実 ——————————————— 4粒

作り方

1 なすは皮をむき、蒸気の上がった蒸し器で10分蒸し、冷蔵庫でよく冷やす。
2 ボウルにAを入れてよく混ぜる。
3 なすが冷えたら縦に細く裂いて器に盛り、2をかけ、クコの実をのせる。

冷やし豆乳担担麺（海老の春巻きのせ）

Chilled Noodles with Minted
Pork in Spicy Miso-Soy Soup
served with Shrimp Spring Roll

にぎやかな貨物倉庫を改装して作られたダイナーでは、船旅に出港する人や港で働く人たちが
気軽に食べられる料理を提供しています。港にあるダイナーらしく海老のだしが特徴の坦々麺は、
豪快に海老の春巻きをトッピング。ダイナーで人気のメニューです。

海鮮チャーメン

Seafood Chow Mein

ディズニー映画『アラジン』に登場するような賑やかな市場の屋台が並ぶレストラン。
その中のひとり、不思議なヘビ遣いはヌードル料理が自慢だとか。
海鮮チャーメンは塩味ベースのあんに魚介のうまみが浸透しています。

冷やし豆乳担担麺（海老の春巻きのせ）

....

材料（2人分）

中華生麺2玉

〈豆乳スープ／A［清湯（82ページ）250ml　干しえびパウダー 20g　干し貝柱（顆粒）、紹興酒各大さじ1　塩、おろししょうが各 小さじ1　こしょう少々］　調整豆乳180ml〉

〈ひき肉あん／豚ひき肉250g　B［しょうゆ、紹興酒、サラダ油各 大さじ1　甜面醤大さじ1と1/2　ごま油小さじ1〕〉

〈えび春巻き（作りやすい分量、10本分）／春巻きの皮10枚　え び150g　ゆでたけのこ50g　C［チキンパウダー、砂糖各小さじ1 こしょう少々］　ごま油小さじ1　揚げ油適量〉

レタス20g　きゅうり30g　パプリカ（赤）10g　高菜の油炒め30g ごま油小さじ1　辣油（83ページ）大さじ1〜2g

作り方

1 **豆乳スープ**を作る。鍋にAを入れて火にかけ、煮立ったら弱火に して2分煮詰めてよく冷ます。ボウルに180mlとり、調整豆乳 を加え混ぜる。

2 **ひき肉あん**を作る。フライパンにごま油を中火で熱し、豚ひき 肉をしっかり火が通るまで炒める。脂が透き通ったら一度火を 止め、合わせたBを加える。よく混ぜたら再び中火にかけ、焦げ つかないように炒める。脂が透き通って香りが立ったら火を止 めて冷ます。

3 **えび春巻き**を作る。えびはみじん切り、ゆでたけのこは細めの せん切りにする。ボウルにえび、Cを入れて粘りが出るまでよ く混ぜ、たけのことごま油を加え混ぜて冷蔵庫で30分寝かせる。 10等分して春巻きの皮で細長く包み、170℃の揚げ油できつね色 になるまで揚げる。

4 レタス、きゅうり、パプリカは細めのせん切りにして水でさらし、 水気をきって冷やしておく。

5 鍋にたっぷりの湯を沸かし、中華麺を袋の表示時間通りゆでる。 ざるにあげて冷水で麺の表面のぬめりをとり、水気をよくきっ てごま油を全体になじませる。

6 どんぶりに麺を入れて、4、2のひき肉あん、高菜の油炒めを のせ、1の豆乳スープを流し入れる。3のえび春巻きをのせ、 辣油を回しかける。

海鮮チャーメン

※本メニューは販売を終了しています。

材料（2人分）

チャーメン（またはかた焼きそば）	2人分
むきえび	6尾
いか	80g
貝の小柱（またはほたて貝柱）	50g
にんじん	30g
たけのこ（水煮）	50g
長ねぎ	50g
干ししいたけ（戻したもの）	2枚
白菜	200g
チンゲンサイ	1/2株
塩	適量
こしょう	少々

A 清湯（82ページ）※	500ml
紹興酒	大さじ1
塩	小さじ1〜1.5
砂糖	小さじ1
こしょう	少々

B 片栗粉	大さじ3
水	大さじ3

サラダ油	小さじ2
ごま油	大さじ1

※清湯は、水500mlに中華だし（顆粒）大さじ1を溶かしたもので代用可。

作り方

1 えび、いかは流水でよく洗い、水気をきって塩少々、こしょうで下味をつけ、塩ひとつまみを入れた湯で下ゆでする（煮立たせないようにするとやわらかく仕上がる）。いかは一口大に、ほたて貝柱を使う場合は横半分に切る。

2 にんじんは1cm幅の短冊切り、たけのこは薄切り、長ねぎは斜め切り、戻したしいたけと白菜はそぎ切り、チンゲンサイはざく切りにする。

3 フライパンにサラダ油を中火で熱し、にんじん、たけのこ、長ねぎ、しいたけを入れて軽く炒め、白菜とチンゲンサイを加えて炒め合わせる。白菜のふちが透き通ってきたら、貝の小柱とAを加え、強火にする。

4 煮立ったら一度火を止めて味見し、えびといか、Bの水溶き片栗粉を加える。手早く混ぜて再び強火にかけ、とろみがついたら火を止めてごま油をまわしかけ、ざっと混ぜる。

5 器にチャーメンを盛り、4をかける。

ギョウザドッグ
Gyoza Sausage Bun

東京ディズニーシーのグランドオープン当時から人気のメニュー。
ネモ船長の潜水艇、ノーチラス号をイメージした形がポイントです。
今回は肉まんを作る感覚で、ご家庭で手軽にできる調理法をご紹介します。

ポークトルティーヤサンド、
テンメンジャンソース

Pork Tortilla Sandwich with
Sweet Miso Sauce

かつて海賊船で働いていた中国人コックの孫という店主のルーツを踏まえ、
立春をお祝いする "春餅" をパークスタイルでアレンジしました。豚肉の味噌炒め、
シャキシャキ野菜とパリパリのかた焼きそばをトルティーヤで北京ダックのようにくるみます。

Gyoza Sausage Bun

ギョウザドッグ

材料（10個分）

具材

豚ひき肉	200g
干ししいたけ	3枚
A 玉ねぎ	1/4個
キャベツ	1/6個
にら	1/3袋
長ねぎ	1/3本
B ラード	50g
おろししょうが	30g
しょうゆ、紹興酒	各大さじ1
砂糖	20g
ごま油	20ml
チキンパウダー	10g
こしょう	少々

生地

薄力粉	200g
強力粉	100g
C ドライイースト	5g
砂糖	20g
サラダ油	20ml
D 牛乳	50ml
水	100ml
打ち粉（強力粉）	20g
ベーキングパウダー	小さじ1

作り方

1 **具材**を作る。干ししいたけは水150mlに一晩浸したのち、ラップをかけて600Wの電子レンジで1分加熱して冷ます。戻した干ししいたけと**A**はみじん切りにする。

2 ボウルにひき肉と**B**を入れてよくこね、粘りが出たら **1** を加え混ぜる。ラップをかけ、冷蔵庫で約2時間寝かせる。

3 **生地**を作る。薄力粉と強力粉を合わせてボウルにふるい入れ、**C**を加えて混ぜる。合わせた**D**を注ぎ入れ、よくこねて打粉を打ちながら全体をまとめる。濡れふきんでおおってラップをかけ、2〜3時間発酵させる。

4 生地を取り出してベーキングパウダーを加えて全体をよくこね、10等分に分ける

5 生地を縦12〜13cm、横14〜15cmの楕円形にのばして **2** の具1/10量をおき、横長になるように折り、手前、奥の順に交互に細かくひだを作りながら閉じる。同様に計10個作り、そのまま20分休ませる。

6 蒸気の上がった蒸し器に入れ、約20分蒸す。

ポークトルティーヤサンド、テンメンジャンソース

※本メニューは販売を終了しています。

材料（4人分）

トルティーヤ（市販）	4枚
豚もも肉	200g
A レタス	30g
きゅうり	30g
パプリカ（赤）	1/4個
玉ねぎ	30g
B しょうゆ	小さじ1
紹興酒	大さじ1
塩	小さじ1/3
こしょう	少々
片栗粉	大さじ1と1/2
C 甜面醤	15g
しょうゆ、砂糖	各大さじ1
清湯（82ページ）	大さじ1
片栗粉	小さじ1
サラダ油	大さじ2
ごま油	小さじ1
チャーメン（または皿うどん）	少々

作り方

1 Aはすべてせん切りにして水にさらし、水気をきってよく混ぜ、冷蔵庫で冷やしておく。

2 豚肉は繊維に沿ってせん切りにしてボウルに入れ、Bを加えて汁気がなくなるまでよくもみ込み、片栗粉を加えてなじませ、サラダ油大さじ1を加えてざっくり混ぜる。

3 フライパンにサラダ油大さじ1を中火で熱し、2をほぐしながら炒める。肉に火が通ったらCを加えて混ぜながら炒め、全体になじんだらごま油をかけてざっと混ぜて火を止める。

4 トルティーヤを温め、1の野菜、3の肉をのせ、砕いたチャーメンをかけ、巻いて食べる。

中華スープと辣油
Chinese soup & chili oil

手間をかけた中華の上級スープは、極上の味わい。
辣油は手作りすると風味の高さが違います。ぜひチャレンジして。

清湯（チンタン）

少し手間をかけて作る、酸味のある鶏だし。中華の
上級スープで、本書で紹介している「厚揚げの味噌
炒め」「冷やし豆乳担担麺」「海鮮チャーメン」でも
活用しています。冷蔵庫で3～4日保存できます。

材料（作りやすい分量／できあがり1.3ℓ）

豚ひき肉	400g
鶏ももひき肉	400g
鶏むねひき肉	400g
長ねぎ（青い部分を含む）	1本
しょうが	30g
干し貝柱	10g
塩	小さじ1
こしょう	少々
紹興酒	大さじ2

作り方

1 長ねぎは斜め薄切り、しょうがは皮つきのまま薄切りにする。
干し貝柱は水50mlに浸して戻す。

2 ボウルに豚ひき肉、鶏ももひき肉、塩、こしょうを入れてよく
こねる。粘りが出たら紹興酒を加えてさらにこね、水1.5ℓを少
しずつ加えながら泡立て器で、だまにならないようにどろっと
した状態までときのばす。

3 鍋に移し、長ねぎとしょうがを2/3量ずつ、水500mlを加えて中
火にかけ、焦げないように木べらなどで鍋底をかき混ぜながら
煮る。煮立つ直前に弱火にして30分煮たら火を止めて冷まし、
キッチンペーパーを重ねたざるでこす。

4 ボウルに鶏むねひき肉を入れてよくこね、3のスープを少しず
つ加えながらだまにならないようにときのばす。

5 鍋に移し、残りの長ねぎとしょうがが、戻した貝柱（汁ごと）を
加えて中火にかけ、焦げないようによく混ぜながら煮る。煮立
つ直前に弱火にして30分煮たら火を止めて冷ます。キッチンペー
パーを重ねたざるでこして粗熱をとり、冷蔵庫で冷やして表
面の油を取り除く。

辣油

極シンプルな辣油の作り方をご紹介。意外と簡単にできるので、ぜひ作って風味の高さを味わってください。一味唐辛子はこさなくてもOK。麺類やよだれ鶏などのトッピングにおすすめです。

材料（作りやすい分量）

一味唐辛子	14g
サラダ油	150ml
ごま油	大さじ1

作り方

1 大きめのボウル（ステンレス製）に一味唐辛子とごま油を入れてよく混ぜ合わせる。
2 フライパンにサラダ油を入れて火にかけ、190℃になったら2回に分けて1に流し入れ、焦げないように全体を混ぜ合わせる。そのまま冷まし、キッチンペーパーを重ねたざるでこして清潔な小瓶等に移す。

Chef interview

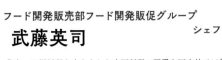

フード開発販売部フード開発販促グループ

武藤英司　シェフ

北京・四川料理を中心とした中国料理の研鑽を国内外で16年間積み、2001年オリエンタルランド入社。パーク内のレストランにて中華料理の調理運営を担当。2003年よりシェフとしてパーク内レストランの中華料理全般のメニュー開発に従事。

強火だけじゃない！中国料理づくりの火加減

一般的に中国料理は強火の印象が強いですが、実はいちばんのコツは弱火や中火でじっくりと加熱し、食材や調味料の持ち味を最大限に引き出すことにあります。本書で紹介している「厚揚げの味噌炒め」はにんにくや甜麺醤を最初にじっくり炒めて風味を引き出し、「冷やし豆乳担担麺」のひき肉あんは豚ひき肉を脂が透き通るまで炒めることで肉のうまみを際立たせます。決して強火だけが中国料理の醍醐味ではないことを知っておくと、ご家庭でも気軽に本格中国料理を楽しめると思います。

アイデア満載の麺料理がパークで大人気に！

2003年、パークのシェフになって初めて開発したのが、東京ディズニーランドのチャイナレストラン『チャイナボイジャー』の「海老入り白湯麺」でした。さっぱりとした白湯スープにケイジャンスパイスでソテーした海老をトッピングしたもので、白湯とスパイスの組み合わせに意外性がありながら食べやすいと人気を得、テレビ番組のパークの料理ランキングで1位になりました。たくさんのゲストの方々に楽しんでいただけて嬉しかったです。

> **シェフのお気に入り調味料**
> ## ケイジャンスパイス
>
> アメリカ南部の郷土料理によく使われるミックススパイス。中国料理では通常使用しませんが、例えば五香粉の代わりに使うなどしておいしい変化を楽しんでいます。肉や魚介などの持ち味を引き出し、食欲を刺激する味わいに。隠し味にもなる万能調味料です。

フード開発販売部フード開発販促グループ

犬山慎太郎　シェフパティシエ

外資系ホテルで7年間パティシエとして研鑽を積み、2012年オリエンタルランド入社。パーク内のテーブルサービスレストランを中心に、デザートの調理運営を担当。2020年よりシェフパティシエとしてデザート・スウィーツ全般の開発に従事。

基本の作り方を覚えて、自分流のスウィーツを楽しんで

デザートは、オーブンの予熱や型、計量といった事前の準備が重要。プロでも目分量はほぼしません。ひとつひとつの作業を基本に忠実に、食べ手の気持ちを考えながら行うのが、遠回りのようでおいしくできる近道です。本書では基本の製菓技術を使用するレシピを多く選出しました。ソースやクリームの作り方がわかったら、アレンジは自由です。例えば、ミッキーのワッフルにパフェのピスタチオクリームやいちごソースをトッピングしてもOK。ぜひ自分好みの味に工夫して楽しんでください。

ひとつひとつに、ストーリーが隠れている

以前『イーストサイド・カフェ』で提供していた4種のグラスデザートは、イタリア系移民がアメリカで経営しているレストランという背景から、ガラスのティーカップにティラミスやパンナコッタ、柑橘系のスウィーツなどイタリアン要素を盛り込んだカジュアルなデザートで、ストーリー性を色濃く反映しつつ遊び心のある内容が印象に残っています。パークでは今後もさまざまなデザートを展開予定です。お楽しみに！

> **シェフのお気に入り調味料**
> ## スパイス
>
> いちごと黒こしょう、柑橘類と山椒など、フルーツやスウィーツとスパイスを組み合わせると、大人の味わいに一気に変化します。また、ミントに限らずハーブ類もおすすめ。いろいろ試して自分好みの組み合わせを見つけるのも楽しいと思います。

グレートアメリカン・ワッフルカンパニー

清楚なヴィクトリア時代の建物が並ぶワールドバザールの一角に位置する「グレートアメリカン・ワッフルカンパニー」では、オープンキッチンでワッフルが焼かれる様子を見たり、熱いグリルから立ち上る甘い香りを楽しむことができます。

Great American Waffle Company

第4章 デザート

The Teddy Roosevelt Lounge

テディ・ルーズヴェルト・ラウンジ

アメリカの偉大な指導者であるセオドア（通称テディ）・ルーズヴェルト大統領をテーマにしたラウンジです。
S.S.コロンビア号の2階デッキにある店内には彼の人生や偉業を称えるデザインが施されています。

ピーチコンポート＆バニラムース

パークにはパティシエが常駐していて、できたてのプレートデザートも楽しめます。
バニラムースはバニラスティックを使うことで本格的な味わいに。
おうちでは前日にすべて準備して盛りつけるときれいに仕上がります。

バナナとチョコレートと
ナッツのハーモニー

バナナを使ったデザート2種類（キャラメリゼとクリーム）をご紹介。

高さを出すように盛り付けると、見栄えよく仕上がります。

形や盛り方は自由なので、自分のセンスで試してみて。

Peach Compote and Vanilla Mousse

ピーチコンポート＆バニラムース

※本メニューは販売を終了しています。

材料（作りやすい分量）

〈**白桃のコンポート**／白桃1個　A［レモンの輪切り2枚　バニラスティック1/5本　グラニュー糖100g　水200ml　白ワイン30ml］〉

〈**バニラムース**／卵黄、グラニュー糖各15g　バニラスティック1/10本　牛乳60ml　粉ゼラチン2g　生クリーム50ml〉

〈**マスカルポーネクリーム**／マスカルポーネ25g　グラニュー糖3g〉

〈**ラズベリーソース**／ラズベリーピューレ50g　グラニュー糖30g　レモン汁5ml〉

〈**レモンゼリー**／レモン汁小さじ1/2　レモンの皮のすりおろし少々　B［グラニュー糖10g　アガー2g］〉

〈**型抜きチョコレート**／ビターチョコレート50g〉
ラズベリー、ミントの葉各少々

作り方

1 **白桃のコンポート**を作る。鍋にAを入れて火にかける。白桃1個は種に沿って包丁で切り込みを入れて両手でひねって半分にし、種をとる。鍋に加えて約15分煮て、汁ごとボウルに移してボウルの底を氷水にあてて冷やす。冷えたら皮をむく。

2 **バニラムース**を作る。ボウルに卵黄、グラニュー糖を入れて泡立て器で白っぽくなるまで混ぜ、バニラスティックを加える。煮立たせた牛乳を3回に分けて加え、都度よく混ぜる。鍋に戻して中火にかけ、耐熱ゴムべらで常に混ぜながら加熱する。75℃前後になり、少し濃度がついてきたら火から外し、粉ゼラチンをふり入れて混ぜ、溶けたらボウルに移し、ボウルの底を氷水にあてて40℃前後まで冷ます。生クリームを六分立てにして加え、ゴムべらで混ぜ合わせて器に流し入れ、冷蔵庫で1時間冷やしかためる。

3 **マスカルポーネクリーム**を作る。ボウルにマスカルポーネクリームの材料をすべて入れ、ゴムべらでなめらかになるまでよく混ぜ、絞り袋に移しておく。

4 **ラズベリーソース**を作る。鍋にラズベリーソースの材料をすべて入れて火にかけ、泡立て器で混ぜながら2/3量まで煮詰める。ボウルに移し、ボウルの底を氷水にあてて冷やす。

5 **レモンゼリー**を作る。鍋にレモン汁、レモンの皮のすりおろし、水40mlを入れて火にかける。ふつふつしたら泡立て器で混ぜながらBを加え、溶けたらボウルに移し、ボウルの底を氷水にあてて冷やす。

6 **型抜きチョコレート**を作る。ビターチョコレートを溶かしてテンパリングし、オーブンペーパーの上にパレットナイフで薄くのばし、3.5cmの丸型で抜いて涼しいところにおく（市販の丸型チョコなどでアレンジしてもOK）。

7 仕上げる。2のバニラムースをかためた器の中央に、3のマスカルポーネクリームを約10gこんもりと絞り、キッチンペーパーで表面の水気をしっかりとる。

8 1の白桃のコンポートの上面、チョコレートの飾りをさす部分に包丁で切り込みを入れて7のクリームの上にのせ、4のラズベリーソースをかけて桃をコーティングする。まわりに5のレモンゼリーをスプーンですくってのせ、6のチョコレートを桃にさし、半分に切ったラズベリー、ミントの葉を飾る。

バナナとチョコレートとナッツのハーモニー

材料（作りやすい分量）

〈バナナクリーム／完熟バナナ正味50g　グラニュー糖10g　生クリーム60ml（乳脂肪分45%以上）〉

〈バナナキャラメリゼ／バナナ大1/2本　グラニュー糖10g〉

〈ココアメレンゲ／卵白50g　グラニュー糖20g　A［アーモンドプードル30g　ココアパウダー（無糖）4g　薄力粉2g　粉砂糖15g］アーモンド（砕いたもの）30g〉

〈チョコレートクリーム／ビターチョコレート50g　B［牛乳15ml　生クリーム50ml　水あめ30g］　生クリーム100ml〉

〈チョコレートクランブル／C［薄力粉、グラニュー糖、アーモンドプードル各10g　ココアパウダー(無糖)3g］　バター（無塩）10g〉

〈パッションフルーツソース／パッションフルーツ1個　はちみつ適量〉

ミントの葉少々　チョコレートアイスクリーム（市販）適量

作り方

1 **バナナクリーム**を作る。完熟バナナを1cm幅の輪切りにしてボウルに入れ、グラニュー糖、生クリームを加えてバナナをつぶしながら泡立て器で混ぜ、七分立てにする。丸の口金をつけた絞り袋に移して冷蔵庫で冷やしておく。

2 **バナナキャラメリゼ**を作る。バナナは縦半分に切ってから斜めに3等分に切る。平らな面にグラニュー糖をふりかけ、熱したフライパンでキャラメリゼし、冷蔵庫で冷やす。

3 **ココアメレンゲ**を作る。ボウルに卵白、グラニュー糖を入れてハンドミキサーで混ぜ、九分立てのメレンゲにする。Aを合わせてふるい、メレンゲに加えてゴムべらでさっくりと混ぜ合わせ、ムラなく混ざったらアーモンドを加え混ぜる。オーブンペーパーを敷いた天板に5mm厚さに伸ばし、170℃に予熱したオーブンで17分焼く。焼きあがったら常温において粗熱をとり、適当な大きさに割る。

4 **チョコレートクリーム**を作る。ボウルにビターチョコレートを入れて湯煎で溶かす。鍋にBを入れて火にかけ、ふつふつしたらチョコのボウルに3回に分けて入れ、都度よく混ぜる。生クリームを加えて混ぜ、表面が乾かないようにぴったりとラップをし、冷蔵庫で一晩冷やす。

5 **チョコレートクランブル**を作る。ボウルにCをふるい入れ、冷やしたバターを加えて手ですり混ぜ、そぼろ状にする。オーブンペーパーを敷いた天板に広げて170℃に予熱したオーブンで10分焼き、常温において粗熱を取る。

6 **パッションフルーツソース**を作る。パッションフルーツを横半分に切り、中の種と果汁をボウルに取り出し、はちみつを加えて甘さを調整する（酸味のアクセントになるので酸っぱめでOK）。

7 **仕上げる。**器に4のチョコレートクリーム、1のバナナクリームをバランスよく絞り、適当な大きさに割った3のココアメレンゲと5のチョコレートクランブルをおく。

8 2のバナナキャラメリゼとミントの葉を飾り、6のパッションフルーツソースをかけ、チョコレートアイスクリームを添える。

クリームチーズ・ブラウニー

ブラウニーにクリームチーズを組み合わせた、甘塩っぱさがクセになる定番人気の焼き菓子。
バターとチョコレートを溶かすとき、湯の温度が高すぎるとざらざらした口当たりになるので、
45℃以下に保つように温度計でしっかり測るのが成功の秘訣です。

このメニューのお店

東京ディズニーランド
グランマ・サラのキッチン

クリッターカントリーケーキ（ナッツ入り）

Critter Country Cake (with Nuts)

アーモンドの風味とコクが楽しめるしっとりケーキは、クリッターカントリーでいちばんの料理の腕前をもつ、
ジャコウネズミのサラおばあちゃんのレストランで大人気。
トッピングのピーカンナッツの香ばしさがポイントです。

クリームチーズ・ブラウニー

材料（15 cm×20 cm×高さ3cmの型1個分）

A バター（無塩）──────────────── 60g
  チョコレート ──────────────── 50g
  グラニュー糖 ──────────────── 66g

B 薄力粉 ──────────────────── 25g
  ココアパウダー（無糖）─────────── 5g

溶き卵 ───────────────────── 80g
塩 ─────────────────────── 1g
くるみ（砕いたもの）────────────── 10g
クリームチーズ ─────────────── 35g
グラニュー糖 ──────────────── 6g

作り方

1 Bは合わせてふるう。型にオーブンペーパーを敷いておく。オーブンを170℃に予熱する。

2 ボウルにAを入れて湯煎にあて、泡立て器でゆっくり混ぜながら溶かす。完全に溶けたら湯煎からはずし、溶き卵、塩を加えてよく混ぜる。

3 ふるったBを加えてゴムべらで粉気がなくなるまで混ぜ、くるみを加え混ぜて型に流し入れる。

4 耐熱ボウルにクリームチーズとグラニュー糖を入れてラップをかけ、500Wの電子レンジでやわらかくなるまで約2分加熱する。泡立て器でなめらかになるまで混ぜ、絞り袋に入れて3の上部に線を描くように絞り、竹串で模様をつける。

5 170℃のオーブンで20分焼き、焼きあがったら粗熱をとって冷蔵庫に入れ、約1時間冷やす。型からはずし、好みの大きさにカットする。

クリッターカントリーケーキ（ナッツ入り）

Critter Country Cake (with Nuts)

材料（直径7cm×高さ3cmのマフィン型8個分）

A バター（無塩） ——————————— 140g
| グラニュー糖 ————————————— 50g

B 卵黄 —————————————————— 3個分
| サラダ油 —————————————————— 10g

C 薄力粉 ——————————————————— 100g
| コーンスターチ ——————————————— 20g
| アーモンドプードル ————————————— 20g

D 卵白 —————————————————— 2個分
| グラニュー糖 ————————————— 50g

ピーカンナッツ ————————————————— 適量

作り方

1 バターと卵は常温に出しておく。Bは混ぜ合わせる。Cは合わせてふるう。オーブンを170℃に予熱する。

2 ボウルにAを入れて泡立て器で白っぽくなるまですり混ぜ、Bを少しずつ加えながら混ぜ合わせる。全体がなじんだらふるったCを加え、ゴムべらでさっくりと混ぜる。

3 別のボウルにDの卵白を入れ、グラニュー糖を3回に分けながら加えて、泡立て器またはハンドミキサーでよく混ぜてメレンゲを作る。1/3量を2に入れてしっかりと混ぜ合わせたら残りを加え、泡をつぶさないようにゴムべらでさっくりと混ぜ合わせる。

4 マフィンカップの八分目まで入れ、表面をならしてピーカンナッツをのせ、170℃のオーブンで25分焼く。焼きあがったらケーキクーラーにのせて冷ます。

クレープのカスタードプリン

2004年当時大人気だったクレープを使ったパークオリジナルデザート。
クレープ生地を焼くときは、熱したフライパンを一度ぬれ布巾の上において冷ますと、
焼きあがりが均一に。時間があればプリン生地を一晩冷蔵庫で休ませるとすの入りにくい生地になります。

このメニューのお店
東京ディズニーランド
ザ・ダイヤモンド
ホースシュー

アップルパイ

Apple Pie

パークで新年を迎える大晦日の特別営業「ニューイヤーズ・イヴ」で、2013年に提供した
レストランの女主人、スルー・フット・スーご自慢のアップルパイを、ご家庭で作れるよう角型にアレンジしました。
りんごは、あれば紅玉を使うと、酸味が効いた冬のデザートになります。

クレープのカスタードプリン

※本メニューは販売を終了しています。

材料（15cm×10cm×高さ3cmのオーバル型1つ分）

クレープ

A卵	1と1/2個
牛乳	110ml
生クリーム	30ml
薄力粉	60g
溶かしバター（無塩）	10g

プリン生地

卵	1個
グラニュー糖	30g
牛乳	100ml
生クリーム	50ml
バニラエッセンス	2滴
レーズン	15g
粉砂糖	5g

作り方

1 **クレープ**を作る。ボウルにAを混ぜ合わせ、薄力粉をふるい入れてダマがなくなるまで泡立て器で混ぜ合わせる。なじんだら溶かしバターを加えて混ぜる。

2 直径26cmのフライパンを中火で熱し、一度ぬれ布巾の上において温度を下げてから、1をおたま1杯分流し入れる。全体に広げて弱〜中火にかけ、表面が乾いてきたら返して焼く。焼きあがったらオーブンペーパーの上に移して冷ます。同様にして生地がなくなるまで焼く（一回40g生地を入れて5枚焼ける）。冷めたら、型の大きさに合わせて切る。

3 **プリン生地**を作る。ボウルに卵を溶きほぐし、グラニュー糖を加えて泡立て器で白っぽくなるまでよく混ぜる。鍋に牛乳と生クリームを入れて火にかけ、煮立ったらボウルに注ぎ入れながら混ぜ合わせ、バニラエッセンスを加える。

4 **クレープグラタン**を作る。グラタン皿に3のプリン生地を少し入れ、2のクレープを1枚のせ（クレープがよれても大丈夫）、レーズンを散らす。この手順を器の七分目くらいまで繰り返し、最後にプリン生地を流し入れる。

5 オーブンを150℃に予熱する。水を張った耐熱バットに4をのせ、予熱したオーブンに入れて30分焼く（器をゆすったとき中央部分だけがゆらゆらと動くくらいが焼きあがりの目安）。焼きあがったら氷水を入れたバットに入れて冷やし、完全に冷めたら粉砂糖を茶こしでかける。

アップルパイ

※本メニューは販売を終了しています。

材料（2人分）

りんご（紅玉）	1個
グラニュー糖	15g
シナモンパウダー	0.2g
パイシート（冷凍）	1枚
バター（無塩）	10g
溶き卵	少々
粉砂糖	少々
バニラアイスクリーム（市販）	適量
好みのフルーツ（いちごなど）	適量
ミントの葉	あれば少々

作り方

1 オーブンを200℃に予熱しておく。りんごは3cmの角切りにする。

2 フライパンにバターを入れて火にかけ、溶けたらりんごとグラニュー糖を加えてしんなりするまでソテーし、最後にシナモンパウダーを加えて混ぜ、バットに移して粗熱をとる。

3 パイシートを15cm×10cmくらいの大きさにカットして2枚用意し、フォーク等で全体に穴をあけ、中央に 2 を等分してのせる。二つ折りにして三端を包丁の背で押さえ、表面に溶き卵を塗って200℃のオーブンで25分焼く。

4 粗熱が取れたら器に盛って粉砂糖をふり、バニラアイスクリームと好みのフルーツ、あればミントの葉を添える。

このメニューのお店
**東京ディズニーランド
パークサイドワゴン
ほか**

チュロス

Churro

パークの代表的なスウィーツを、ご家庭で作りやすい牛乳と卵を使ったレシピにアレンジ。
口金のサイズに応じて食感が異なる（太いともっちり、細いとカリッと）ので、好みのサイズを探してみて。
メイプルやバニラなど、シュガーアレンジも楽しめます。

ミッキーワッフル

Mickey Waffle

外はカリッと中がモチモチに仕上がるパーク流のアメリカンなワッフルは誰もが知る大人気スウィーツ。
パークではオリジナルのミッキー型を使いますが、ご家庭でも作りやすいよう
一般的なワッフルメーカーでの調理法をご紹介。甘さ控えめなので、食事としても楽しめます。

チュロス

A 水 —————————————— 70ml
　牛乳 ————————————— 50ml
　バター（無塩） ——————— 60g
　塩 ——————————————— 1g
　グラニュー糖 ———————— 5g

B 薄力粉 ———————————— 30g
　強力粉 ———————————— 35g

C 溶き卵 ———————————— 90g
　バニラエッセンス ———— 1g

揚げ油 ————————————— 適量

D グラニュー糖 ——————— 90g
　シナモンパウダー ———— 2g

作り方

1 Bは合わせてふるう。Cは混ぜておく。

2 大きめの鍋にAを入れて火にかけ、煮立ったら火を止める。ふるったBを加えて泡立て器で手早くかき混ぜ、生地がある程度まとまったら弱火にかけ、木べらで練りながら鍋の底に薄い膜が張るまで約1分加熱する。

3 ボウルに移し、木べらで混ぜ続けて粗熱が取れたらCを4回に分けて加え、その都度よく混ぜる。

4 生地がまとまったら星口金（写真は直径1cmのものを使用）を付けた絞り袋に入れ、オーブンペーパーの上に15cm長さに絞り、冷凍庫に約1時間入れてかためる。

5 オーブンペーパーからはがし、170℃の揚げ油にそっと入れる。濃い目のキツネ色になるまで約5分揚げ、揚げ網の上にのせて油をきる。

6 バットにDを混ぜ合わせ、5を入れて転がしながらまぶす。

ミッキーワッフル

材料(2人分)

A	薄力粉	110g
	ベーキングパウダー	5g
	グラニュー糖	40g
	塩	1g
	バター（無塩）	50g
	卵	1個
	牛乳	110ml
B	生クリーム（乳脂肪分45％以上）	100ml
	グラニュー糖	10g
	好みのフルーツ（いちごなど）	適量
	ミントの葉	あれば少々
	メープルシロップ	適量

作り方

1 ワッフルメーカーを予熱しておく。Aは合わせてふるう。バターは電子レンジなどで溶かす。

2 ボウルに卵を割りほぐし、牛乳を加えて泡立て器で混ぜる。ふるったAを加えてよく混ぜ合わせ、溶かしたバターを加え混ぜる。

3 予熱したワッフルメーカーに生地を流し入れ、両面が濃い目のきつね色になったら型から外して粗熱を取る。10cm×10cmのワッフルの場合、計4枚焼く※。

4 ボウルにBを入れて、泡立て器で混ぜて八分立てにし、直径1cmの星口金をつけた絞り袋に移す。

5 3のワッフルを丸い抜型で大きい丸（直径約7cm）2個、小さい丸（直径約4.5cm）4個くり抜く。器にミッキーの顔になるようにおき、4のホイップクリーム、お好みのフルーツ、あればミントの葉を飾り、メープルシロップをかける。

※ワッフルの焼き時間や1枚の分量、大きさはワッフルメーカーによって変わります。説明書に準じて作ってください。

季節のパフェ
Seasonal Parfait

季節ごとに内容が変わる"季節のパフェ"から、2016年の冬期限定として登場した
ストロベリーとピスタチオを使ったパフェをご紹介。
シャンパングラスに盛り付けると、高級レストランのような装いになります。

このメニューのお店
**東京ディズニーシー
レストラン櫻**

フルーツとわらび餅のパフェ、和三盆のシロップ

テラス席で暑い夏の日に食事するゲストを見て、「食べることで涼を味わえるメニューを」と
考案した和のデザート。レストラン謹製の和三盆シロップは、上品な甘さでさっぱりとした喉ごし。
ふっくらモチモチのわらび餅によく合います。

季節のパフェ

※本メニューは販売を終了しています。

材料（2人分）

いちごソース

いちご	4個
A いちごピューレ（市販）	100g
グラニュー糖	20g
バニラエッセンス	1g

ピスタチオクリーム

B 卵黄	2個分
グラニュー糖	40g
ピスタチオペースト（市販）	10g
薄力粉、コーンスターチ	各10g
牛乳	200ml

ヨーグルト

プレーンヨーグルト	80g
グラニュー糖	5g

グラノーラ（市販）	30g
いちご	3個
バニラアイスクリーム（市販）	適量

作り方

1 いちごソースを作る。いちごは1cmの角切りにしてボウルに入れ、Aを加えて混ぜる。

2 ピスタチオクリームを作る。別のボウルにBを入れて泡立て器で白っぽくなるまで混ぜ、ふるった薄力粉とコーンスターチを加えて粉っぽさがなくなるまで混ぜる。煮立たせた牛乳を3回に分けて加え、都度よく混ぜ合わせる。混ざったら鍋に入れて中火にかけ、泡立て器で常に混ぜながら加熱する。ふつふつしてきたらさらに30秒加熱し、バットに薄く広げて流し入れ、表面にラップをぴったりとつけて冷蔵庫に入れて冷ます。冷えたら絞り袋に移し、クリーム状になるまで手でもみほぐす。

3 ヨーグルトを作る。別のボウルにヨーグルトの材料をすべて入れ、泡立て器でよく混ぜてグラニュー糖を溶かす。

4 縦長のグラス2つに、1のいちごソース、2のピスタチオクリーム、3のヨーグルトクリームの順に各適量入れ、グラノーラ、縦4等分に切ったいちご、ディッシャーで丸く抜いたバニラアイスクリームをのせる。いちごソースを少量かけて、半分に切ったいちごを飾る。

フルーツとわらび餅のパフェ、和三盆のシロップ

材料（2人分）

わらび餅（作りやすい分量）

わらび粉	100g
水	1ℓ
砂糖	100g

和三盆シロップ

和三盆	20g
水	90ml
アーモンドエッセンス	1滴

あんずの甘露煮	2個
いちご	2個
カットマンゴー（冷凍）	60g
黒豆（煮豆）	30g
ラズベリーシャーベット、メロンシャーベット	各60g
ミントの葉	少々

作り方

1 **わらび餅**を作る。鍋にわらび餅の材料すべてを入れてよく混ぜ、中火にかける。木べらなどで絶えずかき混ぜ、透き通ってきてから15分練りこむ。バットに移して平らにし、乾燥しないようにオーブンペーパーをのせてラップをかけ、冷蔵庫で一晩冷やしかためる。

2 **和三盆シロップ**を作る。鍋に和三盆シロップの材料をすべて入れて火にかけ、ひと煮立ちしたら火を止め、氷水にひたして冷ます。

3 食べる直前に 1 のわらび餅を3cm角に切る。あんずといちごは半分に切る。

4 器にいちご、マンゴー、あんず、わらび餅を盛り、黒豆を散らす。シャーベット2種を丸くくり抜いてのせ、和三盆シロップをかけ、ミントの葉を飾る。

春　　　　夏　　　　秋　　　　冬

春夏秋冬のグラスデザート

Desserts-in-a-Glass

コースのフィナーレを彩るデザートとしてお好きな2種のグラスデザートを選べた、
2014年当時のラインアップから、季節限定のフレーバー4種をご紹介。

グラスデザート／春
ミックスベリートライフル

※本メニューは販売を終了しています。

材料 (作りやすい分量)

〈レモンカスタードクリーム／A［薄力粉、コーンスターチ各10g］
卵黄1個分　グラニュー糖40g　バニラエッセンス0.5g　牛乳
200ml　レモン汁、レモンの皮のすりおろし各少々〉
〈紅茶ゼリー／アイスティー100ml　B［グラニュー糖20g　アガー
2g］〉
〈ビスキュイキュイエール／卵白2個分　グラニュー糖30g　卵黄2
個分　薄力粉25g　粉砂糖20g〉
〈ホイップクリーム／生クリーム（乳脂肪分45％以上）50ml　グラ
ニュー糖5g〉
いちご、ラズベリー、ブルーベリー各適量

作り方

1 **レモンカスタードクリーム**を作る。Aは合わせてふるう。ボウル
　に卵黄、グラニュー糖を入れて泡立て器で白っぽくなるまで混
　ぜ、ふるったAを加えて粉っぽさがなくなるまで混ぜる。バニ
　ラエッセンスを加え、煮立たせた牛乳を3回に分けて入れ、都度
　よく混ぜる。鍋に戻して中火にかけ、泡立て器で常に混ぜなが
　ら加熱し、ぷつぷつと煮立ってきたらさらに30秒加熱し、レモ
　ン汁、レモンの皮のすりおろしを加え混ぜる。バットに薄く流

し入れて表面にラップをぴったりとかけて冷蔵庫に入れて冷ま
す。冷えたら絞り袋に移し、クリーム状になるまで手で揉みほ
ぐす。

2 **紅茶ゼリー**を作る。鍋にアイスティーを入れて煮立て、合わせ
　たBを少しずつ加えながら泡立て器でよく混ぜ、完全に溶けたら
　ボウルに移して粗熱を取り、冷蔵庫で冷やしかためる。

3 **ビスキュイキュイエール**を作る。ボウルに卵白とグラニュー糖
　を入れてハンドミキサーで角が立つまで泡立て、メレンゲを作
　る。溶いた卵黄を加えてゴムべらで混ぜ、6割くらい混ざったら
　ふるった薄力粉を加え、ゴムべらでさっくりと混ぜ合わせる。
　直径1cmの丸口金をつけた絞り袋に移し、オーブンペーパーを
　敷いた天板に直径3cmの丸型に絞る。全体に粉砂糖をふり、170
　℃に予熱したオーブンで8分焼く。焼きあがったら常温において
　粗熱を取り、ペーパーからはがす。

4 **ホイップクリーム**を作る。ボウルにホイップクリームの材料を
　すべて入れて、泡立て器で混ぜて八分立てにし、直径1cmの丸
　口金をつけた絞り袋に移しておく。

5 **仕上げる**。グラスに1のレモンカスタードクリームを少々絞り、
　2の紅茶ゼリーを少々入れる。4等分に切ったいちご、半分に切
　ったラズベリーとブルーベリーを入れ、その上に4のホイップ
　クリームを丸く絞り、3のビスキュイキュイエールを2〜3個の
　せ、半分に切ったいちごを飾る。

グラスデザート／夏
マンゴー&パイナップル

※本メニューは販売を終了しています。

材料（作りやすい分量）

〈メレンゲ／A［卵白、グラニュー糖各50g　レモン汁小さじ1/2］
粉砂糖40g　レモンの皮のすりおろし少々〉

〈マンゴームース／B［マンゴーピューレ100g　レモン汁5ml　グラニュー糖20g］　粉ゼラチン2g　生クリーム（乳脂肪分45%以上）80ml〉

〈ココナッツクリーム／生クリーム（乳脂肪分45%以上）80ml　グラニュー糖8g　ココナッツリキュール5ml〉

パッションフルーツ1個　パイナップル、はちみつ、ライム各適量

作り方

1 **メレンゲを作る。** ボウルにAを入れてハンドミキサーで混ぜ、九分立てになったらふるった粉砂糖とレモンの皮のすりおろしを加えてゴムべらでさっくりと混ぜる。直径1cmの星口金をつけた絞り袋に移し、オーブンペーパーを敷いた天板に直径2cmの大きさに絞り出す。100℃に予熱したオーブンに入れて90分焼きながら乾燥させ、完全に乾燥したら常温において粗熱を取り、ペーパーから外して湿気らないように乾燥剤とともに容器に入れておく。

2 **マンゴームースを作る。** ボウルにBを入れて湯煎にかけ、泡立て器で混ぜながら50℃前後まで温めてグラニュー糖を溶かす。粉ゼラチンをふり入れて混ぜ、完全に溶けたら湯煎から外し、40℃前後になるまで常温におく。生クリームを六分立てにして加え、ゴムべらで混ぜ合わせてグラスの高さ半分くらいまで流し入れ、冷蔵庫で1時間冷やしかためる。

3 **ココナッツクリームを作る。** ボウルにココナッツクリームの材料をすべて入れ、泡立て器で混ぜて八分立てにし、直径1cmの丸口金をつけた絞り袋に移しておく。

4 **仕上げる。** パッションフルーツを横半分に切り、中の種と果汁をボウルにとり出す。1cm角に切ったパイナップルを加え混ぜ、はちみつで甘さを調整する。

5 2のマンゴームースをかためたグラスに3のココナッツクリームを適量絞り、1のメレンゲを2〜3個のせる。4をたっぷりかけ、ライムの薄切りを飾る。

グラスデザート／秋
パンプキンカスタードクリームパイ

※本メニューは販売を終了しています。

材料（作りやすい分量）

〈パンプキンクリーム／かぼちゃペースト（市販）50g　グラニュー糖10g　生クリーム（乳脂肪分45%以上）50ml〉

〈パイ／パイシート（冷凍）1/2枚〉

〈りんごソテー／りんご1/2個　バター（無塩）5g　グラニュー糖10g　レモン汁5ml〉

〈ホイップクリーム／生クリーム（乳脂肪分45%以上）50ml　グラニュー糖5g〉

りんご　適量

作り方

1 **パンプキンクリーム**を作る。ボウルにパンプキンクリームの材料をすべて入れ、泡立て器で混ぜて八分立てにし、絞り袋に移しておく。

2 **パイ**を作る。オーブンペーパーを敷いた天板にパイシートをのせ、170℃に予熱したオーブンで15分焼き、焼きあがったら粗熱をとって細かく砕く。

3 **りんごソテー**を作る。りんごは1cmの角切りにする。フライパンにバターを入れて火にかけ、溶けたらりんご、グラニュー糖を加えてしんなりするまでソテーする。レモン汁を加え混ぜ、バットに移して粗熱を取る。

4 **ホイップクリーム**を作る。ボウルにホイップクリームの材料をすべて入れて、泡立て器で混ぜて八分立てにし、直径1cmの星口金をつけた絞り袋に移しておく。

5 **仕上げる**。グラスに **2** のパイを適量入れて **1** のパンプキンクリームを適量絞り、**3** のりんごのソテーを少々のせ、その上に **4** のホイップクリームを適量絞る。さらに砕いたパイ、りんごのソテーを重ね、りんごの薄切りを飾る。

グラスデザート／冬
ピスタチオ&グラノーラ

※本メニューは販売を終了しています。

材料（作りやすい分量）

〈ピスタチオクリーム／生クリーム（乳脂肪分45%以上）50ml　グラニュー糖5g　ピスタチオペースト8g〉

〈グラノーラ／アーモンドスライス、くるみ各10g　A［オートミール50g　全粒粉20g　ココナッツオイル（または太白ごま油）20ml　メープルシロップ30g　塩1g］〉

〈ヨーグルトクリーム／ギリシャヨーグルト50g　グラニュー糖10g　生クリーム（乳脂肪分45%以上）60ml〉

いちご適量　ミントの葉少々

作り方

1 **ピスタチオクリーム**を作る。ボウルにピスタチオクリームの材料をすべて入れ、泡立て器で混ぜて八分立てにし、絞り袋に移しておく。

2 **グラノーラ**を作る。アーモンドスライス、くるみを粗めに刻んでボウルに入れ、Aを加えて混ぜる。オーブンペーパーを敷いた天板に平らに広げ、160℃に予熱したオーブンで10分焼く。一度取り出して混ぜ合わせ、オーブンペーパーを敷いた天板に平らに広げてさらに15分焼く。全体がきつね色になったら取り出し、粗熱を取る。

3 **ヨーグルトクリーム**を作る。ボウルにヨーグルトクリームの材料をすべて入れて、泡立て器で混ぜて八分立てにし、絞り袋に移しておく。

4 **仕上げる**。グラスに **1** のピスタチオクリーム、**2** のグラノーラ、**3** のヨーグルトクリームの順に各適量入れ、5mm角に切ったいちごをのせ、ミントの葉を飾る。

このメニューのお店
**東京ディズニーシー
ミゲルズ・エルドラド・
キャンティーナ**

フラン（メキシカン・カスタードプリン）

メキシコ料理が自慢のレストランで楽しめる、パークオリジナルスウィーツ。
メキシコのデザートで多用されるコンデンスミルクを使い、クリーミーな甘さと食感に仕上げました。
ハンドブレンダーを使うとすが入りにくい生地になります。

ピーチ杏仁ドリンク

ピンクと白のかわいらしい彩りに加え、まるで杏仁豆腐を飲んでいるかのような
濃厚食感が、スウィーツ好きのゲストに大人気だったパークオリジナルドリンク。
フレッシュの白桃を細かく切って加えると、より爽やかな味わいを楽しめます。

フラン（メキシカン・カスタードプリン）

材料（容量80mlの耐熱カップ2個分）

牛乳	80ml
生クリーム	50ml
卵	1個
コンデンスミルク	70g
ブランデー	好みで5ml
ライムのくし形切り	2切れ

作り方

1 オーブンを150℃に予熱する。

2 鍋に牛乳、生クリームを入れて火にかけ、煮立ったら火を止める。

3 ボウルに卵を割りほぐしてコンデンスミルクを加え混ぜ、2を注ぎ入れて混ぜ合わせ、好みでブランデーを加え混ぜる。

4 耐熱カップに等分して流し入れ、水を張った耐熱バットに並べて150℃のオーブンで15分加熱する（ゆすったときに中央部分だけがゆらゆらと動くくらいが焼きあがりの目安）。焼きあがったら氷水を入れたバットに入れて冷やす。仕上げにライムを飾る。

ピーチ杏仁ドリンク

※本メニューは販売を終了しています。

材料（2人分）

ピーチゼリー
ピーチジュース（濃厚タイプ）	100ml
A グラニュー糖	5g
粉ゼラチン	2g

杏仁豆腐
B 生クリーム	50ml
牛乳	50ml
C グラニュー糖	10g
アガー	1g
アーモンドシロップ	10g

白桃（缶詰）	1個

D ピーチジュース（濃厚タイプ）	200ml
牛乳	100ml
ガムシロップ	20g

作り方

1 ピーチゼリーを作る。鍋にピーチジュースを入れて火にかけ、沸騰直前まで熱したら合わせたAを加え混ぜる。溶けたらボウルに移し、ボウルの底を氷水にあてて混ぜながら粗熱を取り、冷蔵庫で冷やしかためる。

2 杏仁豆腐を作る。鍋にBを入れて火にかけ、煮立ったら合わせたCを加え混ぜる。溶けたらアーモンドシロップを加え、なじんだらボウルに移し、ボウルの底を氷水にあてて混ぜながら冷やす。

3 白桃はシロップを切り、ミキサーにかけてピューレ状にする。Dは混ぜ合わせる。

4 グラス2つに1のピーチゼリー、2の杏仁豆腐、3の白桃ピューレの順に等分して入れる。氷を加え、氷にあてるようにDをゆっくり注ぐ。

このメニューのお店
**東京ディズニーランド
カフェ・オーリンズ**

バニラスムージー＆コーヒーゼリ

2012年に登場したドリンクブランド「D's Delight」から、人気のドリンクレシピをご紹介。

バニラアイスに生クリームを加えることで、

ご家庭でも手軽に"スムージー風"を楽しめるレシピにアレンジしました。

ジャングルティー
（ブラックタピオカ＆
マンゴーゼリー入りミルクティー）

このメニューのお店
東京ディズニーランド
ボイラールーム・
バイツ

ベリーチアーズ

このメニューのお店
東京ディズニーランド
ラ・タベルヌ・ド・
ガストン

マンゴーとココナッツの南国感たっぷりな
組み合わせが、ドリンクで楽しめます。
タピオカ入りでボリュームもしっかり！

ガストンが大好きなビールをイメージ。
ホイップクリームがのった、さわやかな味わいの
炭酸のソフトドリンクなのでお子様も楽しめます。

Vanilla Smoothie & Coffee Jelly

バニラスムージー＆コーヒーゼリー

※本メニューは販売を終了しています。

材料（2人分）

A インスタントコーヒー	10g
グラニュー糖	20g
粉ゼラチン	4g
バニラアイスクリーム（市販）	300g
生クリーム	50ml

作り方

1 鍋に水200mlを入れて火にかけ、沸騰したら合わせたAを加え、よく混ぜて溶かす。ボウルに移し、ボウルの底を氷水にあてて混ぜながら粗熱を取り、冷蔵庫で冷やしかためる。

2 別のボウルに半解凍したバニラアイスクリーム、生クリームを入れ、泡立て器で空気を含ませるように混ぜ合わせる。

3 1をフォークなどで細かくくだいてグラス2つに入れ、2をたっぷりのせる。

ジャングルティー

（ブラックタピオカ＆
マンゴーゼリー入りミルクティー）

※本メニューは販売を終了しています。

ベリーチアーズ

材料（2人分）

マンゴーゼリー

100％マンゴージュース	100ml
A グラニュー糖	20g
粉ゼラチン	2g

ブラックタピオカ	20g

B ココナッツシロップ	30g
牛乳	30g
アイスティー（無糖）	120ml
ガムシロップ	10g

材料（2人分）

生クリーム（乳脂肪分45％以上）	60g
グラニュー糖	5g
ラズベリーピューレ（市販）	50g
ガムシロップ	20g
エナジードリンク	180g

作り方

1 ボウルに生クリームとグラニュー糖を入れ、泡立て器で混ぜて7分立てにする。
2 ラズベリーピューレとガムシロップを混ぜ合わせてグラス2つに分け入れ、氷を加える。氷にあてながらエナジードリンクをゆっくり注ぎ、1のホイップクリームをのせる。

作り方

1 マンゴーゼリーを作る。鍋にマンゴージュースを入れて火にかけ、沸騰直前まで熱したら合わせたAを加え混ぜる。溶けたらボウルに移し、ボウルの底を氷水にあてて混ぜながら粗熱を取り、冷蔵庫で冷やしかためる。
2 鍋にブラックタピオカとたっぷりの水を入れて火にかけ、約15分ゆでる。中心がやわらかくなったら火を止め、常温において冷ます。
3 Bを混ぜ合わせる。
4 1のマンゴゼリーをフォークなどで細かくくだいてグラス2つに入れ、水気をきったブラックタピオカを入れる。氷を加え、氷にあてるようにBをゆっくり注ぐ。

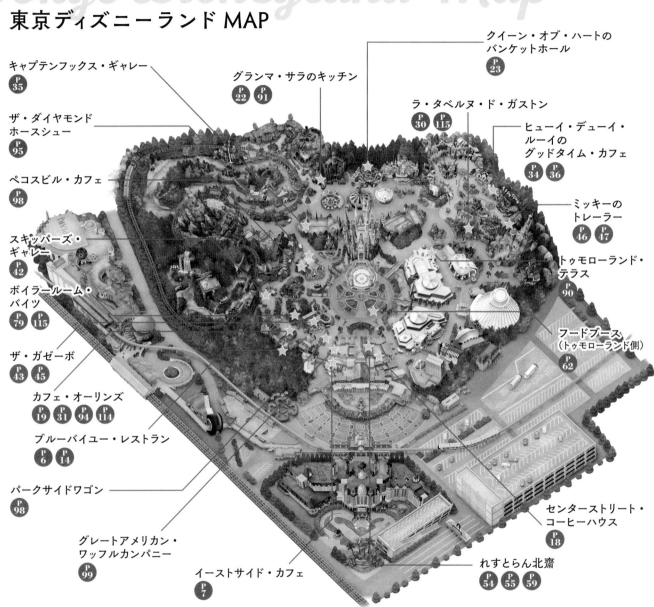

東京ディズニーランド MAP

Tokyo Disneyland Map

キャプテンフックス・ギャレー
P 35

ザ・ダイヤモンド
ホースシュー
P 95

ペコスビル・カフェ
P 98

スキッパーズ・
ギャレー
P 42

ボイラールーム・
バイツ
P 79 P 115

ザ・ガゼーボ
P 43 P 45

カフェ・オーリンズ
P 19 P 31 P 94 P 114

ブルーバイユー・レストラン
P 6 P 14

パークサイドワゴン
P 98

グレートアメリカン・
ワッフルカンパニー
P 99

イーストサイド・カフェ
P 7

グランマ・サラのキッチン
P 22 P 91

クイーン・オブ・ハートの
バンケットホール
P 23

ラ・タベルヌ・ド・ガストン
P 30 P 115

ヒューイ・デューイ・
ルーイの
グッドタイム・カフェ
P 34 P 36

ミッキーの
トレーラー
P 46 P 47

トゥモローランド・
テラス
P 90

フードブース
(トゥモローランド側)
P 62

センターストリート・
コーヒーハウス
P 18

れすとらん北齋
P 54 P 55 P 59

●お問い合わせ先　**東京ディズニーリゾート・インフォメーションセンター** 0570-00-8632（10:00 〜 15:00）　**東京ディズニーリゾート・オフィシャルウェブサイト** http://www.tokyodisneyresort.jp
●2021年9月現在の情報です。パーク運営状況により、内容が変更になったり、施設が休止している場合があります。最新の情報は、東京ディズニーリゾート・オフィシャルウェブサイトをご確認ください。　●掲載のメニューは販売を終了しているメニューが含まれます。　●レストランで提供のメニューとはレシピが異なります。　●販売店舗は予告なく変更になる場合があります。また、品切れや販売終了、販売中止となる場合があります。

ミゲルズ・エルドラド・キャンティーナ
P38　P110

ユカタン・ベースキャンプ・グリル
P11

ノーチラスギャレー
P70　P78

ハイタイド・トリート
P98

オープンセサミ
P98

テディ・ルーズヴェルト・ラウンジ
P102

カスバ・フードコート
P75

S.S.コロンビア・ダイニングルーム
P106

ヴォルケイニア・レストラン
P66　P71　P111

マゼランズ　P10　P15　P87

レストラン櫻
P50　P51　P57　P58　P103

カフェ・ポルトフィーノ
P26　P39

ドックサイドダイナー
P74

セイリングデイ・ブッフェ
P67　※2018年にクローズ

マンマ・ビスコッティーズ・ベーカリー
P90

ニューヨーク・デリ
P63

リストランテ・ディ・カナレット
P27　P86

東京ディズニーシー MAP

Tokyo Disneysea Map

おうちでごはん
東京ディズニーリゾート® 公式レシピ集

2021年9月17日　第1刷発行（定価はカバーに表示してあります）
2021年12月16日　第5刷発行

講談社・編

発行者　森田浩章
発行所　株式会社　講談社
　　　　〒112-8001　東京都文京区音羽2-12-21
　　　　電話　編集　03-5395-3474
　　　　　　　販売　03-5395-3608
　　　　　　　業務　03-5395-3603

印刷所　凸版印刷株式会社
製本所　大口製本印刷株式会社

［編集・執筆］
須永久美

［調理］
橋本加名子

［スタイリング］
村井りんご、佐藤直美

［装丁・本文デザイン］
清水　肇（prigraphics）

［調理アシスタント］
池上悦美、sue、宮崎瑠美子

［協力］
株式会社オリエンタルランド
下村康弘（総料理長）
三浦千佳子（洋食）
片岡龍之介（洋食）
武藤英司（中華）
松本健太（和食）
犬山慎太郎（デザート）
中村みふゆ